정의란
무엇인가?

정당은
바이러스다

최인호 지음

지식공감

정 의 란   무 엇 인 가 ?

정당은
바이러스다

최인호 지음

패러다임(paradigm)의 전환

지금 인류는 존망(存亡)의 갈림길에 서 있다. 이번 위기를 극복하지 못하면 인류라는 종족은 영원히 사라질지도 모른다.

인류가 이런 위기에 직면하게 된 근본적인 원인은 무엇일까? 세상의 모든 것은 우리의 생각으로부터 비롯된다. 특히, 전 지구적 차원에서 진행되는 사건은 우리의 집단적인 생각에서 비롯된다. 그러므로 지금의 위기는 우리의 집단적인 생각이 만들어낸 것임은 분명하다. 또한, 지금의 위기를 초래한 우리의 집단적인 생각은 무엇인가 잘못되었음도 분명하다.

왜 우리는 집단으로 잘못 생각하게 되었을까? 그것은 우리가 잘못된 패러다임 속에서 살아가기 때문이다. 패러다임은 한 시대 사람들의 견해나 생각을 규정하는 인식의 틀이다. 그 인식의 틀이 잘못되었기 때문에 우리는 집단으로 잘못 생각할 수밖에 없었다.

그렇다면 잘못된 패러다임은 어떻게 창조되었을까? 정치 시스템과 종교 시스템은 패러다임을 창조하는 도구이자, 패러다임의 기본적인 구성 요소다. 특히, 산업이 고도화되는 현대 사회는 정치 시스템의 영향력이 압도적으로 커지고 있다. 그러므로 잘못된 패러다임은 잘못된 정치 시스템에서 가장 크게 영향을 받고 있음도

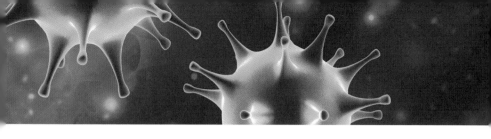

분명하다.

그럼 잘못된 정치 시스템은 어떻게 만들어질까? 법(法), 그중에서도 가장 상위법인 헌법(憲法)에 따라 만들어진다. 정치 시스템은 헌법이 규정한 국가권력 구조의 틀 속에서 작동한다. 그러므로 잘못된 헌법의 국가권력 구조는 잘못된 정치 시스템을 만들어낸다.

그러므로 지구촌 헌법들이 올바른 국가권력 구조를 만들어내면, 올바른 정치 시스템이 뿌리내리고, 올바른 패러다임이 형성되면서, 전 인류는 집단으로 올바르게 생각하게 되므로 지금의 위기를 극복하고, 다시는 지금과 같은 위기를 겪지 않게 될 것이다.

그래서 다음의 두 가지에 대해 깊이 명상했다.

지금의 국가권력 구조는 어느 부분이 어떻게 잘못된 것일까?

어떻게 하면 올바른 국가권력 구조를 만들 수 있을까?

그 결과 지구촌 모든 국가의 국가권력 구조는 모든 것이 있어야 할 자리에 있을 수 없도록 만들어졌다는 것을 알 수 있었다. 특히, 국가의 주인인 국민이 주인의 자리를 지킬 수 없도록, 그 주인의 자리를 정당이라는 이상한 집단이 꿰찬 후 주인 행세를 하도

록, 국민은 정당의 종노릇을 하도록 국가권력 구조가 만들어진 것
이 모든 문제의 원인이라는 것을 명확하게 알 수 있었다.

따라서 국가권력 구조에서 모든 것이 있어야 할 자리에 있으면,
특히 국민이 주인의 자리를 되찾고 정당이 자기 자리로 돌아가면,
지금의 위기에서 벗어날 수 있다는 결론을 내리게 되었다.

그래서 수레바퀴 헌법을 고안하고, 이 책을 쓰게 되었다. 수레바
퀴 헌법은 국민이 국가의 주인으로서 주인의 자리에 앉아, 주인의
권리(主權)를 행사함으로써, 모든 것이 있어야 할 자리에 있게 하
는 헌법이다. 그러므로 수레바퀴 헌법을 채택하면 국민뿐 아니라
국가를 구성하는 모든 요소는 자기 자리를 찾게 되고, 모든 것은
정상적으로 돌아갈 것이다.

수레바퀴 헌법은 중심의 원리에 따라 만들어졌다. 필자는 바이
러스 질환으로 잃었던 목소리를 치료하면서 세포 차원의 중심을,
찌그러지고 경직된 몸을 반듯하게 펴면서 몸 차원의 중심을 체험
하면서 중심의 원리를 이해할 수 있었다. 그리고 그 이해를 바탕으
로 중심의 원리로 작동하는 수레바퀴 헌법을 창안하게 되었다.

그래서 이 자리를 빌려 세포의 중심을 가르쳐주신 강성철 박사

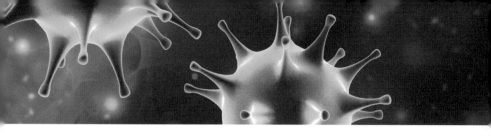

님과 몸 차원의 중심을 지도해주신 관웅 스님께 다시 한번 감사드리지 않을 수 없다. 두 분 스승님, 감사합니다.

　지금의 위기는 좋은 기회다. 지금은 인류가 낡고 찌그러지고 비정상적이고 잘못되고 불완전한 구조·틀·시스템·패러다임을 벗어던지고, 새롭고 반듯하고 정상적이고 올바르고 완전한 구조·틀·시스템·패러다임으로 전환할 정말 좋은 기회다. 이번 기회를 놓치면 다시는 이런 기회가 없을 것이다.
　이번 기회에 인류가 수레바퀴 헌법을 장착하고, 새로운 시대, 새로운 지구촌, 새로운 문명을 창조할 것을 기대한다.

　이제 수레바퀴 헌법으로 들어가 보자. 먼저 '국가는 생명체'라는 것을 이해하는 것이 중요하다. 왜냐하면, 수레바퀴 헌법은 국가가 생명체라는 것을 전제로 고안되었기 때문이다.

2021. 3. 1.
우면산 옆에서 초인 최인호

목차

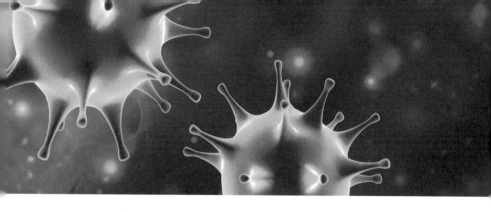

국가는 생명체다

국가는 살아있는 생명체다. 국가는 국민이라는 수많은 작은 생명체들로 이루어진 또 하나의 독자적이고 독립적인 생명체다. 수많은 세포가 하나의 시스템으로 조화를 이루어 몸이라는 독자적이고 독립적인 생명체를 창조하듯이, 수많은 국민은 하나의 시스템으로 조화를 이루어 국가라는 또 하나의 독자적이고 독립적인 생명체를 창조한다.

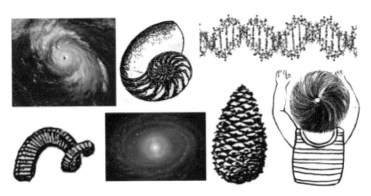

▲ 그림1, 다양한 형태의 소용돌이들

모든 생명체는 〈그림1〉과 같이 하나의 소용돌이로 존재한다. 은하계, 태양계, 지구, 태풍, 단백질과 탄수화물의 분자구조, DNA, 원자, 소라, 조개, 영양, 물소, 사람, 호흡기, 순환기 등 우주가 만들어낸 모든 생명체는 소용돌이 형태이고, 소용돌이 원리에 따라 하나의 소용돌이로 작동한다.

그러므로 독자적이고 독립적인 하나의 생명체로 존재하려면 반드시 하나의 소용돌이로 존재해야 한다. 만일 어떤 생명체가 하나의 소용돌이로 존재하지 않으면, 소용돌이 원리가 작동할 수 없고, 따라서 그 생명체를 구성하는 모든 요소는 흩어지며 사라지게 된다.

그러므로 국가도 하나의 생명체로 존재하려면, 반드시 하나의 소용돌이로 존재해야 한다.

모든 생명체가 하나의 소용돌이로 존재할 수 있는 것은 그 '중심(Center and Core)'이 존재하기 때문이다. 세포의 중심은 세포핵이고, 몸의 중심은 단전이며, 태풍의 중심은 태풍의 눈(핵)이고, 지구의 중심은 지구의 핵이며, 은하계의 중심은 거대한 블랙홀이다. 모든 생명체는 그 중심이 사라지면, 소용돌이가 흩어지며 사라지므로 독립적인 생명체로 존재할 수 없다.

국가 또한 하나의 소용돌이로 존재하려면, 반드시 '국가의 중심'이 존재해야 한다.

국가는 인간의 창조물이므로 국가의 중심 또한 인간이 창조한다. 따라서 인간이 국가의 중심을 잘 만들어내면 국가는 하나의

소용돌이로 존재할 수 있지만, 그렇지 않으면 하나의 소용돌이로
존재할 수 없다.

중심이 잘 만들어져 하나의 소용돌이로 존재하는 국가는, 시간
이 지남에 따라 모든 요소가 하나로 통합되므로 강대해지고, 국민
은 자유와 평화와 번영을 누리며 국가의 주인으로 살아가게 된다.

하지만, 중심이 제대로 만들어지지 않아 하나의 소용돌이로 존
재하지 못하는 국가는, 시간이 지남에 따라 분열되면서 쇠약해지
고, 국민은 자유와 평화와 생명을 위협받으며 궁핍한 노예로 살아
가게 된다.

태풍, 몸, 세포, 원자, 지구, 태양, 은하계 등 우주에 의해 만들
어진 것들은, 우주의 원리에 의해 처음부터 완벽한 중심을 지니고
태어나므로, 하나의 소용돌이로 완벽하게 작동한다. 전자는 원자
핵 주위를 빛의 속도로, 지구는 태양 주위를 초속 11km로, 태양
은 우리 은하계 주위를 초속 217km로 공전하는 동시에 자전하지
만, 우주는 그 어떤 흔들림도 느낄 수 없을 정도로 완벽하게 작동
한다.

그러므로 인간이 완벽하게 작동하는 국가의 중심을 창조하려면
우주의 원리에 따라 국가의 중심을 창조해야 하고, 우주의 원리에
따라 국가의 중심을 창조하려면 수레바퀴 원리를 이해하면 도움이
된다. 왜냐하면, 수레바퀴는 우주의 원리에 따라 만들어진 기구이
기 때문이다.

▲ 그림2. 수레바퀴의 구조

수레바퀴는 인간의 발명품이다. 수천 년 전에 발명된 수레바퀴는 지금까지도 그 원형을 그대로 보존하고 있다. 〈그림2〉와 같이 수레바퀴의 한가운데에 '중심축'이 끼워지는 텅 빈 공간이 있고, 그 주변을 '장구통'이 에워싸고 있으며, 장구통으로부터 사방으로 '바큇살'이 펼쳐지고, 바큇살의 끝부분을 '테두리'로 둘렀다는 점에서 청동기시대나 지금이나 변함이 없는 것이다.

수레바퀴가 수천 년 동안 그 원형을 보존할 수 있었던 것은 우주의 원리에 따라 만들어졌기 때문이다. 우주는 가장 완벽한 시스템이므로, 우주의 원리에 따라 만들어진 수레바퀴는 더는 개량할 수 없을 정도로 완벽한 구조를 갖추었기에 수천 년 동안 그 원형을 보존할 수 있었다.

따라서 수레바퀴 원리를 이해하면, 수레바퀴 원리로 국가의 중심을 창조하는 방법을 알게 된다.

국가의 중심

▲ 그림3, 반듯한 수레바퀴

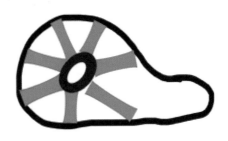

▲ 그림4, 찌그러진 수레바퀴

▲ 그림5, 중심축이 어긋난 수레바퀴

▲ 그림6, 중심축 없는 수레바퀴

수레바퀴가 잘 굴러가려면, 수레바퀴의 중심이 존재해야 한다. 수레바퀴의 중심이 존재하려면, 〈그림3〉처럼 '수레바퀴의 한가운데'에 '수레의 중심축'이 끼워지는 텅 빈 부분이 있어야 한다.

그러나 〈그림4〉 처럼 수레바퀴가 대칭성을 잃고 찌그러지거나, 〈그림5〉 처럼 수레바퀴의 한가운데가 아닌 곳에 수레의 중심축이 끼워지는 부분이 존재하거나, 〈그림6〉처럼 중심축이 끼워지는 부분이 아예 존재하지 않으면 수레바퀴의 중심은 존재할 수 없다.

수레바퀴의 중심이 존재하지 않으면, 수레바퀴는 처음부터 굴러가지 못하거나, 굴러가도 몇 번 굴러가지 못하고 망가지게 된다.

마찬가지로 국가가 잘 돌아가려면, '국가의 중심'이 존재해야 한다. 국가의 중심이 존재하려면, '국가 한가운데(Center)'에 '국가 중심축(Core)'이 '끼워지는 부분'이 존재해야 한다.

따라서 국가의 중심이 존재하려면, 첫째 국가 중심축이 존재해야 하고, 둘째 국가의 한가운데가 존재해야 하며, 셋째 국가의 한가운데에 국가 중심축이 끼워지는 부분이 존재해야 한다. 이에 대해 차례대로 살펴보면,

첫째, 국가 중심축은 국가의 핵(核)이자 국가권력 구조의 핵으로서, 국가가 회전하며 앞으로 굴러가는 힘의 원천이다. 수레 중심축의 힘으로 수레바퀴가 굴러가듯이, 국가 중심축의 힘으로 국가는 돌아간다. 국가가 하나의 소용돌이로 존재하는 것은 국가를 구성하는 모든 요소가 국가 중심축에 의해 조화롭게 돌아가기 때문이다.

국가 중심축은 국민이다. 왜냐하면, 국가의 존재 이유는 국민이고, 모든 권력의 원천도 국민이며, 국가의 최초이자 최종적인 의사결정도 국민만이 할 수 있고, 국민만이 국가의 주인으로서 주인의 권리(主權)를 행사할 수 있기 때문이다.

그러므로 국민만이 국가 중심축이 될 수 있고, 국민 이외의 어떤 국가권력(왕, 대통령, 의회 등)이나 정치조직(정당), 독재자도 국가 중심축이 될 수 없다.

헌법은 형식적으로 누가 국가 중심축인지와 국가 중심축이 힘을 행사하는 방법을 정한다. 그러므로 헌법이 국민이 국가의 중심축으로서 국가의 핵임을 선언하고, 국민이 주권을 구체적으로 행사하는 방안을 규정하면 국가 중심축은 존재하게 된다.

둘째, 국가의 한가운데는 대칭형인 국가의 정중앙이다. 그러므로 국가의 한가운데가 존재하려면, 국가가 형태가 대칭형이어야 한다. 왜냐하면, 어떤 것의 한가운데는 그 형태가 대칭형이어야 존재하기 때문이다.

국가가 대칭형이려면, 국가권력 구조가 대칭형이어야 한다. 왜냐하면, 국가권력 구조는 국가의 골격이기 때문이다. 몸 골격이 칼슘으로 이루어지고 세포골격이 단백질로 이루어지듯, 권력으로 이루어진 국가골격을 국가권력 구조라고 한다.

몸 골격이 대칭형이어야 몸이 대칭형이듯이, 국가권력 구조가 대칭형이어야 국가도 대칭형으로 반듯해진다. 또한, 대칭형인 몸 골격의 한가운데가 몸의 한가운데이듯이, 대칭형인 국가권력 구조의 한가운데가 국가의 한가운데다.

헌법은 권력으로 국가권력 구조를 만든다. 헌법은 하나로 존재하는 국가권력을 여러 개로 분리한 후, 분리된 권력들을 다시 하나로 엮어 국가권력 구조를 만든다. 그러므로 국가의 한가운데가 존재하려면, 헌법으로 대칭형의 국가권력 구조를 만들어야 한다.

수레바퀴는 가장 단순한 대칭형 구조다. 따라서 국가권력을 수레바퀴 형태로 배치하면, 대칭형의 국가권력 구조를 만들 수 있다.

3개로 분립한 국가권력으로 수레바퀴처럼 대칭형인 국가권력 구조를 만들려면,

먼저 국가의 틀 안에 〈그림7〉 처럼 똑같은 크기로 분립된 권력들을 수레바퀴의 바큇살처럼 대칭형으로 배열해야 한다. 만일 분립된 권력들의 크기가 서로 다르면 국가권력 구조는 대칭형이 될 수 없다.

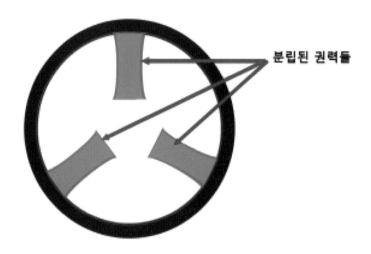

▲ 그림7. 수레바퀴 형태로 배열된 3개의 분립된 권력들

다음으로 〈그림8〉과 같이 수레바퀴의 한가운데에서 분립된 권력들을 잡아줌으로써 구심력을 발휘하는 권력을 설치해야 한다.

분립된 권력들을
묶어주는 권력

▲ 그림8. 분립된 권력들을 잡아주는 권력

　만일 분립된 권력들의 한가운데에서 분립된 권력들을 잡아주는 권력이 존재하지 않으면, 국가권력 구조는 조그마한 압력도 버티지 못하고 〈그림9〉 처럼 찌그러지며 붕괴하므로 국가의 대칭성은 무너지게 된다.

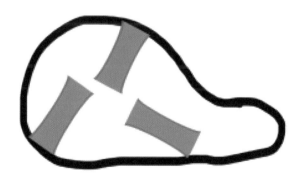

▲ 그림9. 찌그러진 국가권력 구조

이렇게 수레바퀴 형태로, 국가의 틀 안에 똑같은 크기로 분립된 권력들을 배열하고, 그 한가운데에 분립된 권력들을 묶어주는 권력을 배치하면, 국가는 반듯한 대칭형이 되므로, 국가의 한가운데는 존재하게 된다.

셋째, 국가 중심축이 국가의 한가운데에 끼워져야 한다. 국가 중심축이 국가의 한가운데에 끼워지려면, 국가권력 구조의 한가운데에 국가 중심축이 끼워지는 부분이 존재해야 한다.

국가권력 구조의 한가운데에 국가 중심축이 끼워지는 부분이 존재하려면, 헌법으로 국가권력 구조의 한가운데에 국가 중심축이 끼워지는 부분을 만들어야 한다.

그러나 앞의 〈그림8〉과 같이 대칭형인 국가권력 구조의 한가운데에는 이미 분립된 권력들을 잡아주는 권력이 자리 잡고 있다. 따라서 그 상태로는 국가 중심축이 끼워질 수 없다.

분립된 권력들을
묶어주는 권력에
뚫린 구멍

▲ 그림10. 국가 중심축을 끼우는 구멍

그러므로 국가권력 구조의 한가운데에 국가 중심축이 끼워지려면, 분립된 권력들을 묶어주는 권력의 한가운데에 〈그림10〉처럼 국가 중심축을 끼우는 구멍을 뚫어야 한다. 한가운데에 구멍이 뚫린 분립된 권력들을 묶어주는 권력은, 수레바퀴의 장구통과 동일한 형태다.

이렇게 분립된 권력들을 묶어주는 권력에 구멍을 뚫음으로써 장구통 형태의 권력이 만들어지면, 국가 중심축인 국민은 국가권력 구조의 한가운데에 자리 잡을 수 있으므로 국가의 중심이 존재하게 된다.

혁명과 헌법개정절차

우주의 한가운데에 우주 소용돌이의 핵이 자리 잡는 과정에, 흩어져 있던 은하계와 은하계, 태양계와 태양계가 충돌하면서 수많은 별이 깨지고 합쳐지는 혼란을 겪게 된다.

마찬가지로 국가권력 구조의 한가운데에 국민이 자리 잡는 과정에도, 흩어져 있던 국가의 모든 것이 서로 부딪히고 깨지며 하나로 통합되는 과정을 거치는데, 그것을 역사적으로 혁명이라고 한다.

혁명은 국민적 에너지가 강력함에도 국민이 국가의 주인으로서 국가권력 구조의 중심에 자리 잡지 못할 때, 국민이 자기 자리를 찾아가는 과정에서 자연적으로 발생하는 현상이다. 국가의 중심이 드러나는 과정에 혁명은 필수 불가결한 요소인 것이다.

시간이 흐를수록 국민의 힘은 강력해지고 있다. 결국, 모든 국가는 국가권력 구조를 대칭형으로 만들고, 그 한가운데 자리를 국민에게 내줄 수밖에 없다. 그리고 그 과정은 고통과 혼란을 동반한 혁명을 거칠 수도 있고, 조용한 혁명을 통해 이루어질 수도 있다.

고통과 혼란 없이 국민이 국가권력 구조의 한가운데에 자리 잡으려면 헌법개정절차를 활용하면 된다. 왜냐하면, 국가권력 구조의 형태와 그 중심에 누가 자리 잡을지는 헌법으로 결정하기 때문이다.

따라서 헌법개정절차를 통해 국가권력 구조를 대칭형으로 만들고 그 한가운데에 자리를 국민에게 내어주면, 고통과 혼란을 동반한 혁명을 거치지 않고도 국가의 중심을 창조할 수 있다.

그렇다면 헌법을 어떻게 개정해야 국가의 형태를 대칭형으로 만들고, 국민이 그 중심에 자리 잡을 수 있을까? 그 한 가지 예로 수레바퀴 원리로 헌법의 국가권력 구조를 만드는 원리를 제시한다.

수레바퀴 헌법의 제작원리

수레바퀴는 완벽한 대칭형인 동시에 중심을 축으로 유기적 일체로 작동하는 기구다. 그러므로 국민을 중심으로 유기적으로 작동하는 대칭형의 국가권력 구조를 만들려면, 수레바퀴 원리로 국가권력 구조를 짜면 된다.

수레바퀴 원리로 국가권력 구조를 짜려면, 국가권력을 수레바퀴 형태로 배치하고, 수레바퀴에서 특정한 부분이 담당하는 기능을 국가권력 구조에서 그 부분에 해당하는 국가권력이 같은 기능을 담당하도록 헌법으로 규정하면 된다.

중심축의 역할을 담당하는 국가권력, 장구통의 역할을 담당하는 국가권력, 바퀴살의 역할을 담당하는 국가권력, 테두리의 역할을 담당하는 국가권력을 국가권력 구조에 배치하고, 그러한 권력들이 조화롭게 운용되도록 헌법으로 규정하면 되는 것이다.

수레바퀴 본연의 기능은, 수레와 수레에 실린 짐을 싣고 잘 굴러가는 것이다.

수레바퀴 형태의 국가권력 구조에서, 수레바퀴는 '국가권력 구조', 수레와 수레 중심축은 '국민', 수레에 실린 짐은 '국민의 생명·자유·재산·명예' 등에 해당한다.

따라서 국가권력 본연의 기능은, 국민과 국민의 생명·자유·재산·명예를 책임지고 보호하며 잘 굴러가는 것이다.

수레바퀴의 입체적인 구조는 〈그림11〉와 같이 중심축이 수레바퀴의 중심을 꿰뚫고 올라와 가장 높은 곳에 위치하고, 그 아래쪽으로 장구통, 바큇살, 테두리의 순으로 배치된다.

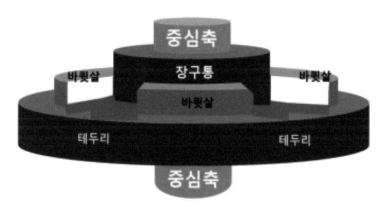

▲ 그림11. 수레바퀴의 입체도

그러므로 수레바퀴 형태의 국가권력 구조에서 국민은 가장 높은 국가권력이고, 그 아래로 '장구통 형태의 국가권력', '바큇살 형태의 국가권력', '테두리 형태의 국가권력'의 순으로 권력 상호 간의

위계질서가 정해지게 된다. 또한, 국가중심축인 국민은 국가권력
구조의 위로부터 아래까지 관통하므로 모든 형태의 국가권력과 직
접 소통하게 된다.

수레 중심축은 수레바퀴를 원하는 방향으로 이끈다.

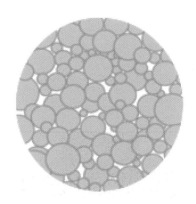

▲ 그림12, 국가 중심축으로 존재하는 수많은 국민들

그러므로 수레바퀴 형태의 국가권력 구조에서, 국가 중심축으로
서의 국민은 국가권력을 원하는 방식으로 작동시킨다.

국가 중심축으로서의 국민은 '주권을 적극적으로 행사하고 행동
하는 다수의 국민'(행동하는 국민)으로 이루어진다. 왜냐하면, 국가
권력은 각종 선거권과 저항권이라는 주권을 적극적으로 행사하고,
주권자로서 행동하는 수많은 국민에 의해 작동되기 때문이다. 따
라서 국가 중심축으로서 행동하는 국민을 〈그림12〉와 같이 다수의

원으로 이루어진 하나의 축으로 표현할 수 있다. 행동하는 국민은 노예의 삶을 절대적으로 거부하고, 언제나 자유로운 주인으로 존재한다.

수레 중심축은 장구통의 한 가운데에 있는 텅 빈 부분에 끼워짐으로써 수레바퀴를 굴러가게 한다.

마찬가지로 수레바퀴 형태의 국가권력 구조에서, 국가 중심축은 장구통 형태의 국가권력의 텅 빈 부분에 자리 잡음으로써 국가를 작동시킨다.

장구통 형태의 국가권력의 한가운데가 텅 비었다는 것은, 그곳에는 국민 이외의 정당이나 대통령 등 다른 어떤 권력도 존재할 수 없다는 것을 의미한다. 다시 말해 그곳은 '권력의 진공상태'라는 것이다.

수레바퀴의 한가운데에 텅 빈 부분이 존재하려면, 수레바퀴의 한가운데에 있는 장구통에 중심축이 끼워지는 텅 빈 구멍을 뚫어야만 한다.

마찬가지로 수레바퀴 형태의 국가권력 구조의 한가운데에 권력이 텅 빈 부분이 존재하려면, '장구통 형태의 국가권력의 한가운데'에 구멍을 뚫어 권력이 텅 빈 부분을 창조해야 한다.

장구통 형태의 국가권력의 한가운데에 구멍을 뚫어 권력이 텅 빈 부분을 창조하려면, 헌법으로 다수의 권력자로 장구통 형태의 국가권력을 구성하고, 그들의 권력의 크기를 똑같이 하며, 그들이 공동으로 국가 최고 권력을 행사하도록 규정하면 된다. 그렇게 하면, 장구통 형태의 국가권력을 구성하는 다수의 권력자가 지닌 똑같은 크기의 권력들은 중심을 축으로 서로 대칭을 이루게 되므로, 그 한가운데는 권력이 텅 빈 권력의 진공상태가 만들어지게 된다.

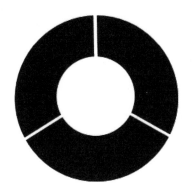

▲ 그림13, 3인으로 구성된 장구통 형태의 국가권력

〈그림13〉은 장구통 형태로 배열된 3개의 똑같은 크기의 권력들이 서로 대칭을 이룸으로써, 그 한가운데에 권력의 진공상태가 창조된 그림이다.

이렇게 장구통 형태의 국가권력에 구멍이 뚫려 권력의 진공상태가 만들어지면, 국가중심축으로서의 국민은 국가권력 구조의 한가운데에 자리 잡고, '국가권력의 중심이자 정점'(이후 '국가권력 구조의 핵'으로 표기함)으로서 모든 국가권력을 통할하게 된다.

장구통은 수레바퀴의 한가운데에서 중심축을 받쳐주고, 바큇살을 지탱한다. 따라서 장구통은 중심축을 통해 전달되는 수레의 무게를 감당하는 동시에 바큇살을 통해 전달되는 외부적인 충격도 이겨내야 하므로 매우 튼튼해야 한다.

장구통 형태의 국가권력은 국가권력 구조의 한가운데에서 국가권력의 중심축으로서의 국민을 보위하고, 바큇살에 해당하는 분립된 권력들을 지탱한다. 따라서 장구통 형태의 국가권력은 국민으로부터 가해지는 엄청난 압력을 감당하는 동시에 분립된 권력들을 통해 전달되는 외부적인 충격도 이겨내야 한다. 그러므로 장구통 형태의 국가권력은 매우 튼튼해야 한다.

장구통 형태의 국가권력을 튼튼하게 만들려면, 헌법으로 국민이 장구통 형태의 국가권력에 가장 크고 많은 양의 국가권력을 위임하도록 규정하면 된다.

수레바퀴의 바큇살들은 장구통으로부터 사방으로 펼쳐져야 하고, 그 길이가 똑같아야 하며, 장구통과 단단하게 결합하여야 하고, 튼튼해야 한다. 수레바퀴는 바큇살이 사방으로 펼쳐지지 않으면 쉽게 찌그러지고, 바큇살의 길이가 제각각이면 그 형태가 대칭을 유지할 수 없으며, 바큇살과 장구통이 단단하게 결합하지 않으면 쉽게 망가지며, 바큇살이 허약하면 중심축으로부터 가해지는 압력과 외부적인 충격을 이기지 못하고 쉽게 부서진다.

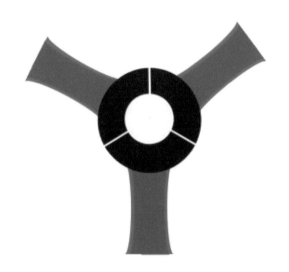

▲ 그림14. 장구통으로부터 펼쳐진 분립된 권력들

수레바퀴 형태의 국가권력 구조에서, 수레바퀴의 바큇살에 해당하는 부분은 '분립된 권력들'이다. 따라서 분립된 권력들은 〈그림 14〉와 같이 장구통 형태의 국가권력으로부터 사방으로 펼쳐져야 하고, 그 크기는 똑같아야 하고, 장구통 형태의 국가권력과 단단하게 결합하여야 하며, 그 자체로 튼튼해야 한다.

분립된 권력들이 장구통 형태의 국가권력으로부터 사방으로 펼쳐지려면, 장구통 형태의 국가권력이 보유한 권력 중의 상당 부분을 여러 개로 나누어, 같은 수의 분립된 권력들에 위임하면 된다. 이렇게 하면 분립된 권력들은 사방으로 펼쳐져 모든 국가영역을 골고루 관장하게 된다.

분립된 권력들의 크기는 똑같아야 한다. 하지만 서로 다른 국가

영역을 담당하는 분립된 권력들은 그 성격이 서로 다르므로, 분립된 권력들의 크기는 서로 다를 수밖에 없다. 이렇게 성격과 크기가 서로 다른 분립된 권력들의 크기를 똑같이 하려면, 분립된 권력들의 수장이 지닌 권력의 크기를 똑같이 하면 된다. 분립된 권력들의 수장이 지닌 권력이 똑같으면, 분립된 권력들의 성격이 달라도 그 크기는 똑같아지기 때문이다.

장구통 형태의 국가권력을 구성하는 권력자들은 공동으로 국가최고권력을 행사하므로 그들이 지닌 권력의 크기는 똑같다. 따라서 장구통 형태의 국가권력을 구성하는 권력자들이 분립된 권력들의 수장 역할을 하나씩 맡아 담당하도록 헌법으로 규정하면, 분립된 권력들의 크기는 완전히 똑같아지게 된다.

또한, 분립된 권력들의 크기가 시간이 지나도 계속 똑같으려면, 장구통 형태의 국가권력을 구성하는 권력자들이 분립된 권력들의 수장을 일정 기간씩 돌아가면서 맡아야 한다. 그렇지 않으면 권력자 개인의 능력이나 분립된 권력의 성격에 따라 시간이 지날수록 분립된 권력들의 크기가 달라지므로 국가권력 구조는 찌그러지게 된다.

그리고 장구통 형태의 국가권력을 구성하는 권력자들이 분립된 권력들의 수장 역할을 겸임하므로, 장구통 형태의 국가권력과 분립된 권력들은 단단하게 하나로 결합된다. 또한, 장구통 형태의 국가권력을 구성하는 권력자들은 전체 국민으로부터 직접 권력을 위임받은 최고 권력자들이므로, 분립된 권력들은 튼튼할 수밖에 없다.

수레바퀴의 테두리는 수레바퀴의 외곽을 두르는 틀이다. 테두리는 둥근 형태로 바큇살들의 끝부분을 단단하게 두르면서, 바큇살들을 고정하고, 고무와 같이 부드러움과 탄력성을 갖춘 재질로 만들어져 외부적인 충격을 이겨내야 한다.

수레바퀴 형태의 국가권력 구조에서, 수레바퀴의 테두리에 해당하는 부분은 국가권력이 영향을 미치는 국가의 틀이다. 국가권력은 국가영역의 끝까지 국가조직으로 빠짐없이 통할하여야 한다.

국가권력이 효율적으로 국가영역의 끝까지 펼쳐지려면, 〈그림15〉처럼 국가권력 구조는 수레바퀴처럼 둥근 원의 형태이어야 한다. 국가권력 구조는 수레바퀴처럼 둥근 원의 형태이려면, 장구통 형태의 국가권력과 분립된 권력들로 지지되는 공무원조직을 국가의 외곽까지 배치하면 된다. 이렇게 국가권력을 배치하면, 국가권력 구조는 대칭형의 둥근 원으로 최대한 활짝 펼쳐지게 된다.

공무원조직은 분립된 권력들의 외곽을 연결하고, 국가권력 구조의 일선에서 국민 또는 외부세계와 직접 접촉한다. 따라서 공무원조직은 분립된 권력들과 일체가 되어 하나로 작동하는 동시에, 공정성과 유연성을 지니고 국민을 섬겨야 한다.

▲ 그림15. 국가의 틀과 공무원조직

공무원조직과 분립된 권력들이 일체가 되어 하나로 작동하려면, 헌법으로 분립된 권력들과 공무원조직을 상명하복의 관계로 규정하면 된다. 또한, 공무원조직이 공정성과 유연성을 겸비하게 하려면, 공무원은 국민의 공복이라는 점을 헌법에 규정하고 이를 위반할 경우 엄정하게 책임을 묻는 동시에 적정한 범위에서 재량권을 인정하면 된다.

국가의 중심이 드러나면

　장구통, 바큇살들, 테두리가 제자리에 배치되면 수레바퀴는 완성된다. 이제 그 한가운데에 수레 중심축이 끼워지면 수레의 중심이 드러나게 된다.

　마찬가지로 수레바퀴 형태의 국가권력 구조는 장구통 형태의 국가권력, 분립된 권력들, 공무원조직이 제자리에 배치되면 완성된다. 이제 그 중심에 국가 중심축이자 국가권력 구조의 핵인 국민이 자리 잡으면 〈그림16〉처럼 국가의 중심이 드러나게 된다.

▲ 그림16, 국가의 중심이 드러난 국가권력 구조

국가 중심의 강약은 국가중심축으로서 행동하는 국민의 숫자가 좌우한다. 주인의식을 가지고 주인으로서 행동하는 국민의 숫자가 많아질수록 〈그림17〉처럼 국가 중심은 굵어지며 또렷해지고, 주인이라는 사실을 망각하고 권력에 기대거나 휘둘리는 무관심한 국민의 숫자가 많아질수록 〈그림18〉처럼 국가 중심은 가늘어지며 희미해진다.

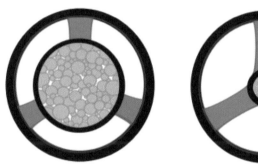 

▲ 그림17, 굵고 또렷한 국가중심   ▲ 그림18, 가늘고 희미한 국가중심

국가의 중심이 굵고 또렷하게 드러날수록, 국가를 구성하는 모든 것들은 자기 자리를 찾아가게 된다. 그것은 태풍의 눈이 또렷하고 강력할수록, 태풍의 눈을 축으로 모든 물방울이 자기 자리로 돌아가는 것과 같은 이치다.

자기 자리로 돌아간 국가의 모든 것들은 독자적이고 독립적으로 존재하게 된다. 또한, 국가를 구성하는 모든 것들이 자기 자리로 돌아가면, 정당처럼 이질적인 요소들이 자리 잡을 곳은 존재하지 않는다. 따라서 반국가적인 요소들은 분해되거나 외부로 퇴출되는 방식으로 제거된다.

자기 자리로 돌아간 국가의 모든 것들은 중심을 축으로 일체화(통합)되어 유기적으로 작동하게 된다. 이제 일체화되어 유기적으로 작동하는 국가는 비로소 독자적·독립적으로 존재하게 된다. 그 이전에 국가의 모든 것들은 흩어져 있었고, 부분으로만 존재하고 있었으며, 제각각 움직이고 있었다. 하지만 국가의 중심이 드러남으로써 흩어져 있던 국가의 모든 것들이 유기적 일체로 작동하면, 비로소 국가는 '국가'라고 할 만한 독자적이고 독립적인 존재로 드러나게 된다.

자기 자리로 돌아간 모든 것들은 본래의 기능을 완벽하게 발휘하게 된다. 국가를 구성하는 권력조직·대기업·중소기업·전문가·근로자·주부·학생 등등…. 모든 것은 각자의 능력을 완벽하게 발휘하는 것이다.

또한, 자기 자리로 돌아간 모든 것들은 서로 의지하며 존재하게 된다. 국민은 기업이 있기에 존재하고, 기업은 근로자가 있기에 존재하며, 정부는 국민이 있기에 존재하고, 그 외의 모든 것은 서로서로 의지하며 존재하게 된다.

서로 의지하며 존재하는 모든 것들은 서로 대등하게 존재한다. 이제 한 개인도 대기업이나 국가최고권력과 대등하게 서로 의지하여 존재하는 것이다. 그것은 태풍의 눈이 드러나면, 태풍을 구성하는 모든 물방울이 자기 자리에서 서로 유기적으로 연결되어 대등하게 존재하는 것과 같은 이치다.

　국가의 중심이 굵고 또렷하게 드러날수록, 국가는 대칭형의 아름다운 결정체를 이루며 빛나게 되고, 국가를 구성하는 국민 한 사람 한 사람도 자기 자리에서 대칭형의 반듯한 모습으로 드러나며 빛나게 된다. 그것은 부분은 전체를 닮고, 전체는 부분을 닮기 때문이다.

　물 결정 사진은 이런 이치를 잘 보여준다. 〈그림19〉와 같이 중심이 드러난 물방울이 결정체를 이루면, 물방울을 구성하는 모든 물 분자와 물 분자를 구성하는 모든 원소는 자기 자리를 찾아가 반듯한 형태를 드러내며 빛을 발하게 된다. 물방울이 이루는 결정체는 똑같은 것이 없이 모두 다르지만, 그 형태는 모두 반듯하고 아름답다.

▲ 그림19, 다양한 결정을 이룬 물 사진

　마찬가지로 국가의 중심이 드러나 결정체가 되면 그 국가를 구성하는 모든 국민은 독자적이고 독립적이며 독창적으로 빛나고, 그 빛은 모든 영역에서 다양한 형태의 창의력으로 드러나므로 국가와 국민은 풍요를 누리게 된다.

그러나 국가의 중심이 무너지면 그 국가를 구성하는 국민도 독립성과 독자성을 잃고 찌그러지며 빛을 잃고, 모든 분야에서 창의력을 상실하므로 국가와 국민은 빈곤의 나락으로 떨어지게 된다.

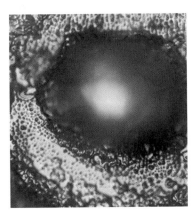

▲ 그림20, 일그러진 물 사진

국가의 중심이 굵고 또렷하게 드러날수록, 중심에서 순수한 국민의 의지가 발현하게 된다. 중심에서 발현하는 순수한 국민의 의지는 좌도 아니고 우도 아니고, 진보도 아니고 보수도 아니며, 욕망과 에고를 넘어선 차원에서 텅 빈 공(空)으로 드러난다.

국민의 순수한 의지는 태풍의 중심에 자리 잡은 텅 빈 공이 태풍의 모든 것을 주관하는 것처럼, 국가의 모든 것을 주관하게 된다. 국민의 순수한 의지는 장구통 형태의 국가권력으로 하여금 국민을 단단하게 보위하게 하고, 국가가 한쪽으로 치우치거나 찌그러지지 않게 하며, 모든 권력자와 권력기관이 제 기능을 발휘하게 하고, 권력자들이 국민 위에서 군림하지 못하도록 하며, 국가의 혈액인 돈이 국가 전체를 골고루 빠르게 순환하게 하고, 다음 세대를 반듯하게 교육하며, 국가가 바람직한 방향으로 효율적으로 움직이게 하고, 공직자들이 부정부패를 저지르지 않게 한다.

그렇다고 국민의 순수한 의지가 모든 사안마다 적극적으로 개입하여 구체적인 결정을 내리는 것은 아니다. '국민의 순수한 의지는 아무것도 하지 않는다(無爲), 하지만 이루어지지 않는 것은 없다(無不爲).' 이는 노자(老子)와 한비자(韓非子)가 추구했던 최고 경지의 통치로서, 태풍의 중심에 자리 잡은 텅 빈 공이 고요히 존재하면서 태풍을 완벽하게 작동시키는 것과 같은 방식으로 국가는 작동된다.

이제 국민은 밥 먹고, 출근하고, 친구를 만나고, 술 마시고, 영화 보고, 산책하고, 논다. 정치를 탓하지 않고, 정치인을 욕하지 않으며, 정치로 인해 서로 다투지 않는다. 그저 일상에 충실할 뿐이다. 그러나 국가의 모든 것은 저절로 이루어진다.

그러나 현재 지구촌에는 국가의 중심이 굵고 또렷하게 드러난 국가는 물론, 가늘고 희미하게 드러난 국가조차도 존재하지 않는다. 이는 민주국가와 공산국가의 권력 구조를 수레바퀴 형태로 그려보면 알 수 있다.

▲ 그림21. 정당으로 분열되고 제약된 국민

먼저, 민주국가는 국민주권주의(國民主權主義)를 선언함으로써 형식적으로 국민이 국가 중심축임을 선언하고 있다. 하지만 〈그림 21〉과 같이 정당이 국민 위에 자리 잡고 실질적으로 주권을 행사하고, 다수의 정당에 의해 국민이 분열되어 있으므로, 주권자로서의 국민은 주권을 제대로 행사하지 못하고 있다. 하지만 국민은 선거로 집권당을 교체할 수 있어 주권자로서의 국민의 지위는 간신히 명맥을 유지하고 있다. 그러나 민주국가에 국가 중심축이 존재하지 않음은 분명하다.

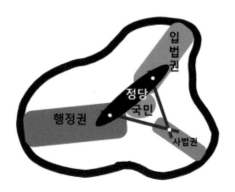

▲ 그림22. 민주국가의 권력 구조

또한, 민주국가의 권력 구조는 〈그림22〉와 같이 행정권·입법권·
사법권이라는 3개의 권력으로 분립했지만, 분립된 권력들의 성격
(색깔)과 길이와 굵기가 서로 다르므로 국가는 대칭형일 수 없다.
또한, 장구통 형태의 국가권력 대신 정당이 행정 권력과 입법 권
력을 묶어주고, 사법권과 입법권·행정권은 견제와 균형이라는 약
한 끈으로 연결되어 있으므로 취약하기 그지없다. 그러므로 민주
국가에는 국가의 한가운데가 존재할 수 없다.

이렇게 민주국가는 국가 중심축도 약화되었고, 국가의 한가운
데도 존재하지 않으므로 국가의 중심이 존재할 수 없다. 민주국
가에 국가의 중심이 존재하지 않는 근본원인은, 약 300년 전에 나
온 몽테스키외(Charles Louis Joseph de Secondat, Baron de la Brede et de
Montesquieu)의 삼권분립이론과 정당제이론에 따라 국가권력을 운
용하고 있기 때문이다.

다음으로 중국공산당·북한노동당 등의 공산주의 국가의 헌법들은 공산당이 국가의 주권을 행사하도록 규정하고, 공산당은 실질적으로 모든 국가권력을 장악하고 있다. 그러므로 공산국가의 형식적이자 실질적인 국가 중심축은 공산당이다. 하지만 일부 국민으로 이루어진 정치집단에 불과한 공산당은 진정한 국가 중심축이 될 수 없고, 진정한 국가 중심축인 국민은 〈그림13〉과 같이 공산당에 짓눌려 그 모습을 전혀 드러내지 못하고 있다.

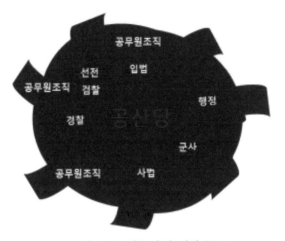

▲ 그림23. 공산국가의 권력 구조

당연히 국가권력 구조에 국민의 자리는 존재하지 않고, 국민은 주권자의 지위를 상실한 채 국가권력 구조의 밑바닥에서 피지배층으로만 존재한다. 따라서 국민의 개인적인 자유는 보장되지 않고, 공산당이 유일한 집권당이므로 교체할 방법도 없다. 이런 국민의 지위를 공산당은 인민민주주의라고 미화하지만, 그 실체를 들여다보면 현대판 노예에 불과하다. 그러므로 공산국가에는 국가 중심축이 아예 존재하지 않는다.

또한, 공산국가의 권력 구조는 〈그림23〉과 같이 가운데에 공산당이 자리 잡고, 그 주변에 공산당이 임의로 배치한 국가권력들이 불규칙하게 흩어져 있다. 이렇게 공산당을 중심으로 굳은 떡처럼 단단하게 뭉쳐진 국가권력은, 공산당의 명령에 의해 한 덩어리로 뭉쳐져 작동한다. 따라서 장구통 형태의 국가권력과 권력분립은 존재할 수 없고, 국가권력 구조는 대칭형일 수 없으며, 국가의 한가운데도 존재하지 않는다,

이렇게 공산국가에는 국가 중심축과 국가의 한가운데가 존재하지 않으므로 국가의 중심이 드러날 수 없다. 공산국가에 국가의 중심이 드러나지 않는 근본원인은, 막스-레닌주의(Marxism - Leninism)의 공산당 독재이론에 따라 공산당이 모든 국가권력을 통합하여 지배하기 때문이다.

이렇게 지구촌에 국가의 중심이 드러난 국가가 존재하지 않음으로 인해, 인류는 지금 엄청난 위기에 직면하게 되었다.

수레바퀴 헌법

　수레바퀴 원리로 국가권력 구조를 만든 헌법을 '수레바퀴 헌법' 또는 '국민 중심제 헌법'이라고 이름 지었다. 수레바퀴 헌법은 수레 바퀴와 같은 형태를 지니고 같은 원리로 작동하는 헌법이라는 의 미이고, 국민중심제 헌법은 대통령중심제·의회중심제·정당중심제 헌법과는 달리, 국민이 국가권력 구조의 핵에 자리 잡음으로써 국 가의 중심이 드러나게 하는 헌법이라는 의미이다.

　수레바퀴 헌법의 국가권력 구조의 한 가지 예를 〈그림24〉로 표현 해 보았다. 국민이 국가권력 구조의 한가운데에 자리 잡고, 그 주 변을 장구통 형태의 국가권력이 에워싸고 있으며, 그 주변에 7개 의 분립된 권력들이 바큇살 형태로 배치되고, 가장 바깥에 공무원 조직이 감싸고 있는 형태로서, 수레바퀴와 똑같은 형태다. 이렇게 수레바퀴 헌법은 수레바퀴와 똑같은 형태로 만들어지고, 똑같은 원리로 작동한다.

　수레바퀴 헌법의 핵심은 국민과 장구통 형태의 국가권력이다.

국민은 국가권력 구조의 핵에 자리 잡고, 장구통 형태의 국가권력은 국민의 주변을 감싼 형태로 자리 잡은 상태에서 국민의 뜻을 받들고, 국민을 보위하게 된다.

▲ 그림24. 수레바퀴 헌법의 평면도

편의상 장구통 형태의 국가권력을 '국가중심체'라고, 장구통 형태의 국가권력의 구성원을 '국가중심인'이라고 이름을 지었다. 국가중심체는 국가의 중심에서 국민을 보위하고 국가권력을 조율하는 권력기관이라는 의미이고, 국가중심인은 국가권력의 중심에서 국민을 수호하는 권력자라는 의미다. 국가중심인은 국민으로부터 국가최고권력을 직접 위임받아 국가중심체의 구성원이자 분립된 권력의 수장으로서 모든 국가기관을 통할하게 된다.

국가중심체로부터 바큇살처럼 사방으로 펼쳐진 7개의 분립된 권력들은 서로 다른 성격(색깔)을 지닌다. 분립된 권력들은 국가중심체로부터 특정 분야의 권력을 위임받아 해당 분야를 총괄하게 된다.

분립된 권력들의 외곽을 감싸고 있는 국가권력은 공무원조직으로서, 국가중심체와 분립된 권력의 지휘 하에 국가 행위를 실제로 실행하게 된다.

▲ 그림25. 수레바퀴 헌법의 입체도, 다양한 형태의 소용돌이들

〈그림24〉의 수레바퀴 헌법의 평면도를 보면 국민이 국가권력 구조의 중심에, 〈그림25〉의 입체도를 보면 국민이 국가권력 구조의 정점에 자리 잡고 있다. 이렇게 수레바퀴 헌법에서 국민은 국가권력 구조의 핵에 자리 잡고 있다.

국민은 국가중심인 선거를 통해 매년 한 사람씩 7명의 국가중심인을 차례로 선출하여 국가중심체를 구성하고, 국가중심체에 국가최고권력을 위임하며, 국가중심체를 통해 전체 국가권력을 작동시킨다.

그러므로 국가중심인 선거는 국민이 주권을 실질적으로 행사하는 가장 중요한 수단이다. 국가중심인 선거가 있기에 국민은 주권자로서 국가권력 구조의 핵에 자리 잡을 수 있는 것이다. 따라서 국가중심인 선거는 적절한 주기로 실시되어야 한다. 국민의 주권은, 국가중심인 선거의 주기가 적절하면 실질화하지만, 너무 길면 형해화(形骸化)할 것이고, 너무 짧으면 혼란스러울 것이다.

7인의 국가중심인들은 국가중심체에서 동등한 권한을 가지고 협의체 형식으로 국가중심체를 운영하고, 국정 전반에 대해 공동으로 국가의사를 결정한다. 또한, 7인의 국가중심인들은 국가중심체에 의안을 상정할 권한을 가지는데, 국정의 중요도에 따라 1인이나 2인 또는 3인의 국가중심인이 의안을 상정할 것을 규정하게 된다.

국가중심체는 국가의 모든 부분에서 최종적으로 국가 최고의사를 결정할 권한을 가진다. 국가중심체의 의사결정은 분립된 권력들은 물론이고 모든 지방자치단체의 모든 결정에 우선한다. 물론 각각의 의사결정마다 의결정족수는 다르다. 일반적인 행정행위나 처분, 검찰의 공소권행사, 법원의 판결, 국회나 지방의회의 입법행위 등에 우선하는 결정을 하는 경우 서로 다른 의결정족수가 적용되는 것이다.

또한, 국가중심체는 분립된 권력기관의 수장이나 지방자치단체장이 임명한 공무원이라도 그것이 적합하지 않으면, 그 임기와는 상관없이 그 공무원을 교체할 수 있는 인사권도 지닌다. 따라서 국가중심체는 그야말로 국가최고권력으로서 국가의 중심에서 국가의 모든 영역을 통할하게 된다.

국가중심체는 국민으로부터 위임받은 권력을 그 성격에 따라 국무(국방·외교·안보·통일·정보)·**입법**(국회·지방자치)·**경제**(경제·국토·일반 행정 등)·**사법**(법원·헌법재판·선거 관리)·**건강**(환경·보건·복지 등)·**법무**(검찰·경찰·감찰 등)·**교육**(교육·문화·체육 등)의 7개로 나누어, 7개의 분립된 권력들에 해당 권력을 재 위임한다.

7인의 국가중심인들은 7년 동안 교육총리·법무총리·건강총리·대법원장·경제총리·국회의장·통령의 순으로 1년씩 돌아가며 차례대로 분립된 권력들 수장의 직무를 수행한다. 따라서 국가중심체와 분립된 권력들은 7명의 국가중심인을 매개로 단단하게 하나로 통합된다.

수레바퀴 헌법에서 국가와 지방정부는 유기적 일체로 작동하게 된다. 국가권력과 지방권력의 관계는 〈그림26〉와 같이, 작은 수레바퀴들과 큰 수레바퀴가 하나가 되어 앞으로 굴러가듯이 국가권력과 지방권력은 보조를 맞추어 하나로 작동하게 된다.

▲ 그림26. 국가권력과 지방권력

▲ 그림27. 지방권력 구조

따라서 지방권력 구조에도 〈그림27〉과 같이 지방중심체가 설치된다. 지방중심체는 3인의 지방중심인들로 구성되고, 합의제 형태로 해당 지방자치단체의 최고의사를 결정한다. 3인의 지방중심인들은 1년 또는 2년씩 돌아가면서 행정, 교육, 의회의 수장 임무를 수행한 후 퇴임하게 된다. 헌법은 지방 권력에 정당인이 간여할 수 없도록 규정함으로써 정당 때문에 지방 권력이 분열되는 것을 원천적으로 차단한다.

수레바퀴 헌법은 국가중심인의 수를 3인 이상의 다수로 하고,

국가중심체의 의사결정을 일정한 숫자 이상 국가중심인의 동의가 있어야 하는 것으로 규정한다. 따라서 국가중심인의 수는 3, 5, 7, 9와 같은 홀수가 될 수도 있고, 4, 6, 8, 10과 같이 짝수가 될 수도 있다.

따라서 7인의 국가중심인들이 7개의 분립된 권력의 수장을 1년씩 책임지며, 협의체 형식으로 국가중심체를 운영할 수도 있고, 6인의 국가중심인들이 6개의 분립된 권력의 수장을 1년씩 책임지며 협의체 형식으로 국가중심체를 운영할 수도 있다.

국민은 대칭적인 국가권력 구조의 핵에 자리 잡고, 그 주변을 동일한 권력을 보유한 7인의 국가중심인들로 구성된 국가중심체와, 대칭적으로 펼쳐진 7개의 분립된 권력들과 공무원조직에 의해 지지된다.

이제 국가권력 구조의 핵에 자리 잡은 국민은 형식적이자 실질적인 주권자로서 주권을 행사하게 된다. 국민은 국가중심인과 국회의원 선거권, 지방정부 구성권, 중요정책과 헌법개정에 대한 국민투표권, 국가중심인에 대한 탄핵결정권 등은 직접 행사하고, 나머지 권력은 국가중심체와 국회에 해당 선거의 유권자 수에 비례하여 위임한다.

따라서 전체 국민의 일곱 번의 직접선거로 선출된 7인의 국가중심인으로 구성된 국가중심체는, 전체 국민의 한 번의 선거로 선출된 300인의 국회의원으로 구성된 국회에 비해 약 7배에 해당하는 권력을 위임받게 된다.

국민의 모든 투표는 개인이 소지한 SNS기의 투표 앱(application)에서 엄격한 신원 확인 절차를 거쳐 행해진다. 따라서 외부세력이 투표에 개입할 수 없고, 폐쇄회로로 구성된 AI 컴퓨터 시스템은 외부에서 해킹할 수 없으므로 전자적인 방식으로 부정 투표도 할 수 없게 된다. 또한, 투표를 행하는 즉시 AI 컴퓨터에 의해 투표자별로 고유번호가 부여되는 동시에 투표 결과를 회신해주고, 투표 종료 후 즉시 각각의 고유번호가 투표한 전체 결과를 공개하여 국민 개개인이 자신의 투표가 제대로 계산됐는지를 확인하게 함으로써, 개표과정에서의 부정을 원천적으로 방지하고, 재검표를 용이하게 한다. 그런데도 AI 컴퓨터 시스템에 대한 해킹이나 부정 투·개표를 시도할 경우 주권자인 국민과 국가를 배신한 반역죄로써 가장 중한 극형으로 처벌하여 영원히 사회에서 격리하고, 의도적으로 여론을 조작하는 행위도 그에 준하는 중죄로 처벌하여 투표의 투명성과 공정성을 확보하게 된다.

국가중심체는 국민으로부터 위임받은 권력 중, 분립된 권력들에 대한 통할권과 고위직에 대한 인사권 등 국정과 관련한 중요한 사항은 7인의 국가중심인이 협의하여 국가중심체에서 직접 행사하고, 나머지 권력은 그 성격에 따라 7개로 나누어 국무·입법·경제·사법·건강·법무·교육에 재위임한다. 이로써 국민으로부터 방사된 권력은 국가중심체를 거쳐 모든 국가기관으로 순차적으로 퍼져나

가고, 국민은 국가중심체를 비롯한 모든 국가기관을 빠짐없이 통할하게 된다.

따라서 모든 공무원은 국가의 주인은 국민이고, 국가 최고 존엄은 국민이며, 자신의 임명권자도 국민이고, 자신이 담당하는 업무의 목적 또한 국민이며, 자신은 국민의 의지에 따라 움직여야 한다는 사실을 뼛속 깊이 새기게 된다. 그러므로 공무원이 국민 위에서 군림하거나 국민을 속이는 행태는 완전히 사라지므로, 링컨(Abraham Lincoln) 대통령의 '국민의, 국민에 의한, 국민을 위한 정부'("Of the people, by the people, for the people.") 는 완벽하게 구현된다.

수레바퀴 헌법을 채택하면

　수레바퀴 헌법에서 정당제는 폐기된다. 완전한 권력분립과 일체화가 이루어진 수레바퀴 헌법에서는 정당제가 불필요하기 때문이다. 따라서 정당인은 국가중심인으로 선출될 수 없음은 물론 국회의원 선거 이외의 어떤 선거에도 출마할 수 없고, 국회의원을 제외한 어떤 국가권력의 구성원이나 공기업의 구성원이 될 수 없게 된다.

　그렇다고 정당 자체를 금지하는 것은 아니다. 정당의 구성원이 국회 이외의 공조직으로 진출하는 것이 제한되고, 정당에 과도한 금전과 특혜를 주는 것이 폐지될 뿐이다. 따라서 개인들이 자금을 갹출하여 정당을 설립·운영하고, 정당의 구성원이 국회의원으로 당선되어 국가를 위해 활동하는 것에는 아무런 제한이 없다.

　정당이 국가중심체에 간여할 수 없으므로, 여당과 야당의 구분이 없어진다. 따라서 정당들이 정권을 쟁취하기 위해 치열한 다툼을 벌일 이유가 사라지고, 그 대신 국회에서는 정당 간의 실용적인 정책대결의 장이 펼쳐진다. 자연히 정당은 국민의 다양한 의견을 수렴하여 국민에게 도움이 되는 법률을 제정하고, 훌륭한 정치인을 발굴하는 역할을 담당하므로 정당을 중심으로 한 국민의 분열은 사라지게 된다.

정당으로 인해 국민이 분열되지 않으므로, 국회의원 선거는 조용하면서도 실용적으로 치러지고, 정당에 막대한 국고를 지원하지 않아도 되므로 국고가 보전되며, 정당에 주어지는 특혜인 비례대표제도 폐지되므로 투표의 공정성도 확보된다. 또한, 정당이 지방정부에 간여할 수 없으므로, 지방정부가 정당으로 분열되는 일이 발생하지 않게 되고, 지방선거도 조용하면서도 실용적으로 치러지게 된다.

정치지망생들은 정당의 공천과는 상관없이 자유롭게 정치에 입문하게 되므로 정당이 국민의 공무담임권을 침해할 수 없고, 정당으로 인해 국민이 분열되지 않는다. 국민이 분열되지 않으므로, 정당이 국회의원에게 당론(黨論)이나 당심(黨心)을 강요할 수 없고, 더는 국회의원의 자율권이 정당으로 침해되지 않으므로 정당 소속의 국회의원이라도 양심에 따라 국가와 국민만을 바라보며 활동하게 된다.

정당이 국가권력 구조의 핵심에서 제거되므로 국민은 언제나 국가권력 구조의 핵에 자리 잡게 된다. 따라서 국가최고권력은 언제나 국민에게 있고, 국민 이외의 어떤 정치 세력도 정권을 잡을 수 없게 된다. 따라서 정당의 대표가 국민을 상대로 수십 년 동안 정권을 잡겠다는 오만한 발언을 하는 것은 있을 수 없게 된다.

수레바퀴 헌법에서 국가권력은 대칭형으로 사방팔방으로 최대한 넓게 펼쳐진다. 왜냐하면, 분립된 권력들의 크기가 똑같기 때문이다.

또한, 권력이 분립되며 펼쳐진 대한민국의 넓이는 단순히 하나의 권력을 일곱으로 나누고, 그 나누어진 권력들이 펼쳐진 넓이보다 훨씬 더 크다. 그것은 분립된 권력 하나하나는 국가중심체에 그 힘의 근원을 두므로, 국가중심체의 권력의 크기가 분립된 권력 하나하나의 크기로 되기 때문이다.

최대한 넓게 펼쳐진 국가는 그 자체로 크고 당당하다. 따라서 다른 나라가 그 국가를 조롱하거나 우습게 여길 수 없게 되고, 터무니없는 이유로 그 국가의 주권을 제한하거나, 그 국가와 그 국가의 국민을 모욕하거나, 그 국가의 영토를 넘보거나, 그 국가를 공산화하려는 꿈도 꿀 수 없게 된다.

이제 모든 국민은 단 한 사람의 예외도 없이 넓게 펼쳐진 국가의 그늘에서 안정된 삶을 누리게 된다. 국내에 있든 국외에 있든, 남녀노소, 지역을 불문하고 모든 국민은 국가의 혜택을 골고루 누리는 것이다.

수레바퀴 헌법은 국가재정 능력의 범위 내에서 매달 일정 금액의 기본소득을 전 국민에게 지급하도록 규정하게 된다. 몸 차원의 피는, 국가 차원의 돈이다. 몸을 구성하는 모든 세포가 몸으로부터 피를 공급받을 권리가 있는 것처럼, 모든 국민은 국가로부터 기본소득을 받을 권리가 있다. 따라서 국민의 기본소득권은 하늘로부터 부여받은 천부인권이다.

국민의 기본소득권은, 국민을 국가에 의존하게 하는 시혜적인 성격의 각종 금전 지원과는 그 성격이 다르다. 따라서 기본소득권으로 모든 국민은 인간의 존엄을 유지하고, 불확실한 미래에 도전할 최소한의 경제적 기반을 마련하게 된다.

세포는 혈액을 통해 기본적인 양의 산소와 영양성분을 공급받지 못하면 면역력이 떨어지면서 쉽게 바이러스에 감염된다. 마찬가지로 국민은 경제적으로 기본적인 생활이 불가능할 때 면역력이 떨어지면서 쉽게 정당이라는 바이러스에 감염된다. 따라서 정당 특히 공산당 바이러스를 극복하려면 기본소득권을 보장하는 것이 반드시 필요하다.

기본소득권에 따라 경제적 약자는 사라지고, 국가 시스템은 단순해지며, 국가재정은 건전해진다. 기본소득권에 의해 최저임금제, 국민연금, 의료보험, 고용보험, 노동권 등 경제적 약자를 보호하거나 국민의 기본적 생활을 보장하기 위한 제도는 합리적으로 통합·정비되고, 과다한 숫자의 공무원도 줄일 수 있기 때문이다.

모든 국민에게 기본소득이 지급되면, 맑고 깨끗한 피를 공급받은 세포가 적절한 시기에 분열하여 2세를 남기듯, 모든 국민은 적절한 시기에 2세를 남기게 되므로 인구는 적절한 비율로 증가하게 되므로 인구감소라는 국가적인 문제도 해결된다.

기본소득이 지급되면 경제적 불확실성이 제거되므로, 국민의 삶은 안정된다. 따라서 더는 탐욕을 부릴 필요가 없으므로 한 사람이 과도하게 재산을 늘리는 풍토도 점차 줄게 되고, 많은 재산을 보유한 사람들은 일정 부분의 재산을 사회에 환원하고 국민은 그런 사람들을 존경하는 분위기가 조성되므로, 국가 전체에 따뜻한 온기가 흐르게 된다.

또한, 국가적으로 자본을 집중하여 육성해야 할 기업은 기본소득으로 넉넉해진 국민이 전폭적으로 지원함으로써 막대한 자금을 쉽게 확보할 수 있으므로 국가경쟁력도 확충된다.

수레바퀴 헌법에서 권력분립은 완벽하게 이루어진다. 왜냐하면, 국가중심인들이 분립된 권력들의 수장을 1년씩 돌아가며 맡으므로 분립된 권력들의 성격과 관계없이 분립된 권력들의 힘의 크기는 완전히 똑같고, 시간이 흘러도 힘의 균형이 유지되기 때문이다. 따라서 그동안 불완전한 권력분립으로부터 비롯되던 수많은 문제는 한꺼번에 사라지게 된다.

먼저 '사법권독립'이라는 용어가 사라진다. 사법권독립이란 용어 자체가 사법권이 독립하지 못했음을 반증한다. 하지만 수레바퀴 헌법에서는 사법권을 비롯한 모든 분립된 권력은 성격만 다를 뿐 그 크기가 완전히 똑같으므로 사법권의 독립을 침해할 권력은 처음부터 존재하지 않는다. 따라서 판사가 정권의 눈치를 보면서 판결하고, 국민이 이에 항의하여 법원을 규탄하는 일은 다시는 발생하지 않게 된다. 또한, 법원의 판결은 지금보다 훨씬 더 권위가 높아지지만, 지금처럼 전지전능하지도 않게 된다. 왜냐하면, 법원의 판결에 문제가 있는 경우, 일정 숫자 이상의 국가중심인들은 문제가 되는 판결을 국가중심체의 안건으로 상정할 수 있고, 일정한 요건을 충족하면 국가중심체는 법원의 판결과는 다른 결정을 할 수 있기 때문이다. 그러므로 잘못된 판결에 얽매여 국민이 피해를 당하거나, 국가의 권위가 실추되는 일은 다시는 발생하지 않게 된다.

마찬가지로 검찰권독립이라는 용어도 사라지게 된다. 현행 대한민국 헌법에서는 검찰권을 행정권의 하나로 대통령의 예하조직으로 두고 있다. 따라서 대통령은 막강한 검찰권을 자신의 구미에 맞게 쓰려 하므로 검찰권독립이라는 용어가 나오게 되었다. 그러나 수레바퀴 헌법에서는 검찰권을 분립된 권력 중의 하나로 격상시켜 그 수장을 국가중심인이 맡게 된다. 따라서 검찰권의 독립을 침해하는 권력은 처음부터 존재할 수 없으므로, 특정인이 검찰 권력을 장악하는 것은 불가능하게 된다. 그렇다고 검찰권이 무소불위의 권력이 됨으로써 이를 견제하기 위해 헌법에 근거도 없는 공수처를 설치하거나 검찰의 수사권을 제거할 필요도 없다. 왜냐하면, 검찰권은 국가중심체에 의해 완벽하게 통제되기 때문이다. 이제 일정한 숫자 이상의 국가중심인은 검찰의 공소 제기나 수사가 문제가 되는 경우, 이를 국가중심체의 안건으로 상정할 수 있고, 국가중심체는 일정한 요건 아래에서 검찰총장이나 담당 검사를 교체하거나 검찰과는 다른 결정을 할 수 있다. 따라서 어리석은 검사가 수사권과 공소권을 남용하여 국민에게 피해를 주는 일은 있을 수 없게 된다.

수레바퀴 헌법에서는 대통령과 여당이 장악한 국회가 하나의 몸처럼 움직여 법률을 제정함으로써 국민의 권리를 침해하거나, 대통령과 야당이 장악한 국회가 도저히 함께할 수 없는 사이가 되어 국정이 마비되는 일은 있을 수 없다. 왜냐하면, 정당의 구성원은 국가중심인이 될 수 없으므로 여야가 존재하지 않기 때문이다. 그러므로 국회는 분립된 권력들의 수장이 제출한 법률안과 예산안을 무조건 통과시키거나, 무슨 이유를 들어서라도 통과시키지 않으려고 방해할 이유가 없다. 따라서 모든 국회의원은 정당의 관점이 아닌 국가와 국민의 이익이라는 관점에서 국무를 처리하게 된다. 만일 일부 정당이 특정한 이념의 관점에서 법률을 제정하는 등의 방법으로 국가를 한쪽으로만 끌고 가려 하는 경우, 국가중심체에 의해 제지되므로 정당의 당파적인 의도는 국정에 투영될 여지가 없다.

사법부, 검찰, 국회뿐만 아니라 교육, 건강(보건), 경제, 국무 등 국가의 모든 분야는 독자적이고 독립적으로 존재하는 동시에 나머지 분립된 권력들은 물론 국가중심체와 공무원조직 등 다른 모든 국가조직과 유기적으로 작동하게 된다. 따라서 분립된 권력이 다른 권력을 지배하거나 서로 조화를 이루지 못함에 따라 국정에 지장이 생기는 일은 발생할 수 없게 된다.

수레바퀴 헌법에서는 부정부패라는 용어도 사라지게 된다. 왜냐하면, 대통령의 권한을 국무·경제·건강·법무·교육이라는 5개의 권력으로 분립하고, 입법·사법과 함께 그 수장을 7인의 국가중심인이 돌아가며 맡으므로 누구도 지금의 대통령과 같이 막대한 권한을 독점적으로 행사할 수 없고, 7인의 국가중심인들은 14개의 눈으로 국가중심체를 비롯한 전체 국가권력을 주의 깊게 바라보게 되므로, 더는 국가중심체의 통제에서 벗어난 권력의 사각지대는 존재할 수 없기 때문이다.

또한, 국민은 국가의 중심에서 순수한 국민의 눈으로 국가 전체를 언제나 관조(觀照)하므로, 국가중심인으로부터 지방의 말단 공무원에 이르기까지 사사로운 이익을 위해 권력을 동원하여 부정부패를 저지르는 것은 불가능하게 된다.

수레바퀴 헌법에서는 1인의 지도자가 국가를 이끌게 됨으로써 발생하는 위험성과 불합리성, 분열과 불신은 존재하지 않는다.

1인의 지도자가 국가를 이끄는 경우, 그 1인이 어리석거나, 특정 이념에 빠져 국가를 엉뚱한 방향으로 이끌거나, 신체적으로 유약하거나, 사고를 당하여 임기 중에 국정이 중단되면, 국가는 엄청난 위기에 직면하게 된다. 또한, 합법적인 선거를 통해 그 1인의 지도자가 다른 사람으로 교체되어도 그때마다 국가는 홍역을 치르게 된다. 선거 때마다 국민은 지지하는 후보에 따라 극렬하게 분열하여 서로 다투고, 그 앙금은 다음 선거 때까지 그대로 이어진다. 선거에서 패배한 후보·정당·지지자들은 다음 선거에서 승리하기 위해 이를 갈며 준비하게 되고, 승리한 후보·정당·지지자들은 다음 선거에서도 승리하기 위해 수단과 방법을 가리지 않고 정권을 지키려 하기 때문이다. 또한, 새로운 지도자는 앞선 지도자의 정책을 하루아침에 뒤집음으로써 국가적인 손실을 초래하고, 앞선 지도자들의 문제들을 낱낱이 수사하여 형사적으로 처벌하는 일도 정권이 바뀔 때마다 일어나게 된다. 따라서 1인의 지도자를 선출하는 선거를 하면 할수록 국가는 분열되고, 존경받는 어른이 남아나지 않게 되며, 국가적인 에너지는 낭비된다.

하지만 수레바퀴 헌법에서는 7인의 국가중심인으로 구성된 국가중심체가 집단지성을 바탕으로 최선의 의사결정을 하므로 국가가 엉뚱한 방향으로 가지 않고, 국가중심인 한 사람에게 문제가 발생하더라도 국가중심체는 계속 유지되므로 국정이 안정되며, 1년에 1인의 국가중심인만 교체되므로 국정은 일관성을 유지하게 된다.

또한, 수레바퀴 헌법은 한 번이라도 국가중심인 선거에서 낙선한 사람은 다시는 국가중심인으로 출마할 수 없도록 규정한다. 따라서 국가중심인으로 당선될 때까지 반복해 출마하여 국가를 분열시키는 일은 일어나지 않게 된다. 하지만 낙선자는 그 인품에 따라 국가 원로로 대접받고, 당선된 국가중심인은 국가중심체의 일원으로서 업무를 수행하다가 퇴임하여 국가 원로가 된다. 따라서 적어도 1년에 1명 이상씩 국가적인 어른이 배출되는 과정이 반복되므로 얼마 지나지 않아 국가에는 존경받는 어른들이 넘쳐나게 되고, 국민은 이를 자랑스럽게 여기므로 국가중심인 선거를 거듭할수록 국민은 하나로 통합된다.

국가중심인 선거가 1년에 1차례씩 실시되지만, 선거에 정당이 개입할 수 없고, 국가적인 사안을 국가중심인 1인이 독단적으로 결정할 수 없으므로 무책임하게 선거공약을 남발할 수 없게 된다. 따라서 국가중심인으로 당선되기 위해 거대한 규모의 선거사무실을 차리고 사람들을 모으면서 분잡을 떨거나 돈을 쓸 이유가 없어지므로, 국가중심인 선거는 언제나 조용하면서도 실용적으로 치러지는 국가적인 축제가 될 것이다.

대한민국의 경우, 현재 모든 국가권력은 집권당의 실질적인 당수인 대통령이 거의 장악한 상태다. 대통령과 집권당은 행정·입법·사법권은 물론 지방권력·언론·여론조사기관·군·검찰·경찰·헌법재판소·선거관리위원회까지 장악했다. 이제 권력분립은 물론 야당의 견제마저 의미가 없어졌고, 모든 권력은 대통령과 집권당을 중심으로 떡처럼 뭉쳐지며 경직되고 있다. 그것은 공산국가의 권력들이 공산당을 중심으로 떡처럼 뭉쳐지며 경직된 것과 비슷한 형태다.

그로 인해 국민은 국가권력의 정점에서 쫓겨났고, 그나마 희미하게 남아 있던 국가의 중심도 사라지고 있다. 국가의 중심이 사라짐에 따라 대한민국은 급속히 분열되면서 사회 각 방면에서 수많은 위기의 신호가 나오고 있다.

이 모든 위기의 근본 원인은 헌법이 불완전한 국가권력 구조와 정당제를 채택했기 때문이다. 그러므로 수레바퀴 헌법으로 개정하여 국민이 국가권력 구조의 핵에 자리 잡으면, 국가의 중심이 드러나면서 잘못된 국가권력 구조로부터 파생되는 모든 문제는 일거에 해결될 것이다.

정당은 바이러스다

　입법·행정·사법의 삼권 분립이 시작된 근대국가의 헌법에는 장구통 형태의 국가권력이 존재하지 않았다. 하지만 하나의 국가권력이 3개로 분리됨에도 불구하고 그것들을 중심에서 잡아주는 권력이 존재하지 않으면, 분립된 권력들은 서로 분리되며 흩어지므로 국가는 존속하기 어렵다.

　이에 근대국가의 헌법들은 대통령중심제 또는 의회중심제를 채택하여, 분립된 권력 중의 하나인 대통령 또는 의회에 더 큰 권력을 위임함으로써 권력의 중심축으로 삼았다. 하지만 대통령 또는 의회는 분립된 권력 중의 하나로 수레바퀴의 바큇살에 해당하는 권력이다. 수레바퀴의 바큇살 중 하나를 크게 만들고 그곳에 다른 바큇살을 묶어도 중심축이 될 수 없듯이, 대통령이나 의회의 권력이 강대해도 권력의 중심축이 될 수 없다.

　그래서 일부 국민이 정권획득을 목적으로 만든 정당의 구성원들이, 의회와 정부의 권력자가 되어 정당을 매개로 분립된 권력들의 가교역할을 하였고, 이를 헌법적으로 용인함으로써 정당제가 등장하게 되었다. 권력분립이론이 불완전했기에 이를 보완하기 위해 정당제가 출현한 것이다.

이렇게 현재 지구촌의 모든 국가는 장구통 형태의 권력 대신 복수의 정당이나 공산당을 권력의 구심점으로 사용하고 있다. 그러나 복수정당제이든 공산당 일당독재이든, 정당이 국가권력 구조의 정점에 자리 잡으면 필연적으로 재앙이 뒤따를 수밖에 없는데, 이는 정당의 본질을 꿰뚫어 보면 명확하게 알 수 있다.

정당의 본질은 욕망이다. 정당은 욕망이라는 점에서 조직 폭력배 (조폭)와 매우 유사하다. 정당과 조폭은 욕망으로 만들어져 다른 사람을 지배하려 하고, 음모, 배신, 거짓말, 무책임 등등 그 속성도 비슷하다. 가장 이기적이고 지배욕이 강한 사람이 조폭의 두목이 되어 힘과 돈으로 자신의 욕망에 따라 조직을 움직이듯이, 가장 이기적이고 지배욕과 권력욕이 강한 사람이 정당의 당수가 되어 돈과 권력으로 자신의 욕망을 충족시키기 위해 정당을 움직인다.

조폭 두목이 가장 큰 욕망은 ㄱ 자리를 지키는 것이고, 두 번째 욕망은 돈과 권력으로 자신의 이기심을 충족시키는 것이다. 그래서 그는 자신의 자리를 위협하는 2인자를 제거하고, 외부 조폭 세력과 끊임없이 싸우며, 갖가지 명목으로 금전을 갈취한다.

마찬가지로 국가권력을 장악한 정당 당수의 욕망도 자기 자리를 지키고 돈을 버는 것이다. 그는 국민을 속이고 정적을 제거하여 권력을 지키고, 부정부패로 돈을 번다. 특히, 공산당 당수는 국민의 생명·자유·재산을 빼앗고, 부정부패로 모은 돈과 권력으로는 부족해 다른 나라의 영토와 재산과 기술을 탈취한다. 이제 그는 전지구촌을 지배하려는 욕망을 스스럼없이 드러낸다. 그러므로 공산국가는 지구촌 최대의 폭력조직이다.

정당의 본질은 분열이다. 정당은 국민을 분열시킨다. 그것은 국민이 분열되어야만 정당이 권력을 장악할 수 있기 때문이다. 그러므로 정당은 결코 국민을 하나로 통합할 수 없다.

정당은 특정 이념을 추구하고, 특정 색깔을 선호하며, 특정 계층과 특정 지역에 지지기반을 둔다. 따라서 서로 다른 정당은 결코 화합할 수 없고, 권력을 놓고 끝없이 싸울 수밖에 없으므로 결국 국민을 갈가리 찢어놓게 된다.

이제 국회의원들뿐만 아니라, 기자들도, 판사들도, 검사들도, 공무원들도, 선생님들도, 학생들도, 근로자들도, 농부들도, 주부들도 모두 정당의 이념에 감염되어 분열된다. 분열된 그들은 자신이 지지하는 정당의 관점에서 말하고 행동하고, 그와 대치되는 것은 절대로 용납하지 않는다.

정당의 이념에 감염된 그들은 정당의 관점에서 국회에서 표결하고, 기사를 작성하고, 수사하고, 재판하고, 업무를 처리하고, 논쟁하고, 학생들을 가르치고, 투표한다. 이제 그들은 똑같은 일이 벌어져도 자신이 지지하는 정당이나 그 구성원이 하면 무조건 옳고, 반대하는 정당이나 그 구성원이 하면 무조건 잘못되었다고 한다.

그에 따라 국민은 끝없이 분열되고, 분열된 국민은 정당을 중심으로 떡처럼 뭉쳐지며 경직되므로, 국가는 중심을 잃고 찌그러진다.

그러므로 정당은 바이러스다. 국가가 세포라면 정당은 국가 차원의 바이러스인 것이다.

바이러스는 세포가 찌그러져 중심을 잃고 면역시스템이 작동하지 않을 때, 세포 안으로 침투하여 세포의 에너지원인 미토콘드리아를 장악한 후 세포의 주인 행세를 한다. 그 후 세포를 분열시켜 세포의 기능을 떨어뜨리고, 세포의 에너지를 빨아 먹으며, 세포의 DNA를 교체함으로써 정상 세포를 암세포로 변이시킨다.

마찬가지로 정당은 국가가 중심을 잃고 찌그러져 국가 시스템이 정상적으로 작동하지 않을 때, 국가권력 구조 내부로 침입하여 국가의 핵심권력기관들을 장악한 후 국가의 주인 행세를 한다. 그 후 정당은 국가를 분열시켜 국가의 기능을 떨어뜨리고, 국가의 에너지를 빨아먹으며, 정당의 이념으로 국가의 정체성을 교체함으로써 정상국가를 암적인 국가로 변이시키는데, 그 대표적인 것이 공산국가다.

그렇게 암적인 국가로 탄생한 공산국가는 주변의 정상국가를 분열시켜 암적인 공산국가로 변이시킨다. 이는 그들의 헌법인 공산당 강령이 지구촌의 모든 국가를 공산국가로 만드는 것이 최종 목적이라고 선언하고 있고, 그들의 최고 전략이 거짓된 선동·선전으로 국가를 분열시키고 그중 한 세력과 연합하여 정권을 장악한 후, 그 세력마저도 숙청해버리는 통일전선전술이라는 것을 보아도 명백히 알 수 있다. 공산국가의 DNA에는 정상국가를 공산국가로 변이시키는 것을 지상 최고의 목적이고, 모든 사람을 끝없이 분열시키는 것을 최고의 전략이라고 각인되어져 있는 것이다.

그러므로 민주국가 내부에 공산당과 사상적인 궤를 같이하는 좌익정당이 존재하는 동시에 주변에 강력한 공산국가가 존재하면, 그 국가는 공산화되기 쉽다. 왜냐하면, 민주국가는 구심력이 약한 권력 구조이므로, 주변 공산국가와 좌익정당이 합작하여 뇌물과 협박으로 중요 요인을 포섭하는 동시에 언론을 장악하여 거짓된 통일전선 전술로 국민을 분열시키면 민주국가는 쉽게 무너지기 때문이다.

바이러스는 스스로 생존할 능력이 없으므로 반드시 세포 안에서 기생해야만 하고, 암세포 또한 정상 세포를 통해 혈액을 공급받아야만 살아남을 수 있다. 바이러스와 암세포는 자생력이 없으므로, 정상 세포들과 떨어져 존재하면 얼마 지나지 않아 에너지가 고갈되어 사멸할 수밖에 없는 것이다.

마찬가지로 모든 정당은 반드시 국가조직 내부에서 기생해야만 생존할 수 있고, 암적인 공산국가도 정상 국가들과 경제적으로 연결되어야만 계속 에너지를 공급받아 살아남을 수 있다. 특히, 공산국가의 자생력은 현대 사회로 접어들수록 떨어지므로 저절로 몰락할 수밖에 없다. 그것은 현대 사회의 부의 창출은 단순 노동보다 개인의 창의력이 좌우하기 때문이다.

창의력은 자유로운 개인이 다양한 영역들을 자유로운 발상으로 엮어나가는 과정에서 나타난다. 그러나 국가의 모든 영역을 장악하여 획일적으로 통제하는 공산국가는, 개인의 자유로운 영역이 존재할 여지가 없으므로 민주국가의 창의력을 모방하거나 베낄 수 있을 뿐, 독창적인 그 무엇인가를 창조할 능력이 없다. 따라서 그대로 두면 시대에 뒤처지다가 내부모순으로 인해 저절로 붕괴하며 사라질 수밖에 없는 것이 공산당을 비롯한 모든 정당과 공산국가의 운명이다.

그러나 민주국가들은 헌법적으로 정당제를 채택하여 정당이 국가를 숙주로 삼고, 국가의 주인 행세를 하도록 허용했다. 특히, 정당 운영자금을 국비로 보조함으로써 바이러스가 미토콘드리아에 뿌리내리고 에너지를 빨아먹는 것처럼, 정당이 합법적으로 국가의 혈관에 빨대를 꽂고 국민의 혈세를 빨아먹도록 도와주었다. 자연히 시간이 지날수록 정당의 힘은 강해지고 국민의 힘은 약해진다.

또한, 민주국가들은 압적인 공산국가에 혈관을 연결해 자본과 기술을 넘겨주거나, 공산국가가 자본과 기술을 훔쳐가도록 방관함으로써 공산국가가 자생력을 가지는 것을 넘어 지구적 차원의 암세포로 성장하도록 돕고 있다.

정당에 권력의 핵심을 내주고 국가가 잘 돌아가기를 기대하고, 공산국가에 자본과 기술을 주면서 그들이 정상 국가로 돌아오기를 바라는 것은 어리석다. 정당은 모든 세포를 감염시켜 결국 몸까지 죽이는 바이러스이고, 공산국가는 지구촌의 모든 국가를 공산국가로 변이시켜 결국 지구촌이 멸망해야만 번식을 멈추는 암세포이기 때문이다.

정당제는 욕망이자, 분열이고, 바이러스인 정당에게 헌법적으로 국가의 주인 자리를 내어주는 제도다. 이미 정당제로 정권을 장악한 사회주의 나치당과 공산당에 의해 수억 명에 달하는 사람들이 희생되었고, 지금도 희생은 계속되고 있다. 정당은 조폭과 유사하지만, 조폭과는 비교할 수 없을 정도로 인류에게 크나큰 해악을 끼친 것이다.

하지만 인류는 아직도 정당의 굴레에서 벗어나지 못하고 있다. 그것은 중심을 잃고 찌그러진 국가를 그나마 작동하게 하려면 정당이 필요했기 때문이다. 그렇다면 정당의 굴레에서 벗어나려면 어떻게 해야 할까?

바이러스의 박멸 원리

　지금 세포 차원의 코로나-19 바이러스와 그 변종 바이러스들, 그리고 국가 차원의 공산당 바이러스와 그 변종 바이러스들이 동시에 출몰해 지구촌을 괴롭히고 있다.

　세포와 국가는 그 구조와 작동원리가 동일하고, 세포 차원의 바이러스와 국가 차원의 바이러스도 그 작용원리와 작동과정이 같다. 따라서 세포 차원의 바이러스를 극복하는 방법을 이해하면 국가 차원의 바이러스를 극복하는 방법도 알게 되고, 국가 차원의 바이러스를 박멸하는 방법을 이해하면 세포 차원의 바이러스도 박멸하게 된다.

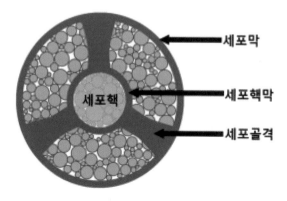

▲ 그림28, 세포의 구조

　세포는 〈그림28〉처럼, 세포핵 속에 수많은 미네랄 원소가 자리
잡고, 그 주변을 세포핵막과 세포골격, 세포막이 감싸는 구조로
이루어진다. 이는 수레바퀴 헌법의 국가권력 구조와 동일하다.

　세포막과 공무원조직, 세포골격과 분립된 권력들, 세포핵막과 국
가중심체, 세포핵에 자리 잡은 수많은 미네랄 원소와 국가권력의
핵에 자리 잡은 수많은 행동하는 국민은 정확하게 대비된다. 그러
므로 세포핵에 자리 잡은 수많은 미네랄 원소는 세포의 주인이고,
국가권력의 핵에 자리 잡은 수많은 국민은 국가의 주인이다.

　세포 차원의 바이러스를 근원적으로 극복하려면 세포의 중심이
드러나야만 하고, 국가 차원의 바이러스를 근원적으로 극복하려
면 국가의 중심이 드러나야만 한다.

　세포의 중심이 드러나려면, 세포의 주인인 수많은 미네랄 원소

가 세포핵에 자리 잡아야만 하고, 국가의 중심이 드러나려면 국가의 주인인 수많은 국민이 국가권력의 핵에 자리 잡아야만 한다.

 세포의 중심이 드러나면 세포에 기생하는 모든 바이러스는 박멸되고, 국가의 중심이 드러나면 국가에 기생하는 모든 바이러스는 사라진다. 그것은 어떤 차원의 중심이 드러나면 그 차원은 바이러스가 서식할 수 없는 환경으로 변화하기 때문이다.

 따라서 세포 차원의 중심이 드러나면 코로나-19 바이러스는 물론 HIV바이러스, 에볼라 바이러스 등 모든 세포 차원의 바이러스는 일거에 사라지게 된다. 마찬가지로 국가의 중심이 드러나면 공산당 바이러스는 물론 딥스테이트 바이러스, 민주당 바이러스, 국민이 힘 바이러스, 정의당 바이러스 등 모든 국가 차원의 바이러스는 한꺼번에 사라지게 된다.

 그러므로 모든 차원의 바이러스는 그 차원의 중심이 드러나게 하는 방법으로 박멸하는 것이 가장 효과적이다.

▲ 그림29, 찌그러진 세포

▲ 그림30, 찌그러진 국가권력 구조

그러나 지금 사람의 몸을 구성하는 세포 대부분은 오염된 공기와 물, 식재료로 인하여 〈그림29〉처럼 찌그러진 상태이므로 코로나-19 바이러스를 극복하기 어렵다. 또한, 지구촌 민주국가들의 권력 구조는 잘못된 헌법 이론과 정치 세력으로 인해 〈그림30〉처럼 국가권력 구조의 핵도 만들어내지 못하고 찌그러진 형태이므로 공산당 바이러스를 막아낼 수 없다.

그러므로 코로나-19 바이러스와 공산당 바이러스를 막아내려면 세포의 중심과 국가의 중심이 드러나게 해야만 한다. 그러나 지구촌은 백신이나 치료제로만 코로나-19 바이러스를 극복하려 하고, 군대와 경찰 등으로만 공산당을 이기려 하고 있다. 하지만 백신과 항바이러스제로는 코로나-19 바이러스를 이길 수 없고, 경찰·검찰·법원·정보기관·군대만으로는 공산당 바이러스의 뿌리를 뽑을 수 없다.

NK세포, T세포, B세포 등의 면역세포들은 세포 차원의 바이러스를 막아낸다. 마찬가지로 경찰·검찰·법원·정보기관·군대는 국가 차원의 바이러스를 막아낸다. 따라서 경찰·검찰·법원·정보기관·군대는 국가 차원의 면역세포들이다.

그러나 세포의 중심이 드러나지 않은 면역세포들은 바이러스를 막아내지 못하고, 오히려 바이러스에 감염되어 바이러스의 숙주 역할을 한다. 마찬가지로 중심이 드러나지 않은 국가의 경찰·검찰·법원·정보기관·군대는 공산당을 막아내지 못하고 오히려 공산당 이념에 감염되어 공산당의 손발이 되어 움직이는데, 이는 현재의 미국과 대한민국 그리고 패망한 월남의 경찰과 군대, 법원, 정보기관을 살펴보면 알 수 있다.

몸의 면역시스템이 바이러스를 막아낼 힘이 부족하면, 백신을 투입하여 바이러스를 미리 경험하게 하거나, 항바이러스제를 투입하여 면역세포 대신 바이러스를 제거하게 한다.

마찬가지로 공산당을 경험한 국가는 공산당에 대한 어느 정도의 면역력을 지니게 된다. 또한, 국가의 힘이 부족하면, 외국의 도움을 받아 공산당을 물리친다. 외국의 지원은 항바이러스제의 역할을 하는 것이다. 대한민국은 6·25 전쟁에서 미국을 비롯한 총 25개 국가의 지원을 받아 공산당 바이러스를 물리친 좋은 예다.

항바이러스제를 투입해도, 중심이 파괴된 세포는 바이러스보다 먼저 죽거나 바이러스에 감염되어 암세포로 변이된다. 마찬가지로 중심이 붕괴한 국가는 외국의 지원을 받아도 공산당보다 먼저 망하여 공산화된다. 국가의 중심이 붕괴한 베트남이 미국과 대한민국의 막대한 지원에도 불구하고 공산화된 것은 그 좋은 예다.

백신·항바이러스제가 바이러스를 제거하는 과정에서 정상 세포들도 함께 희생된다. 그것은 백신·항바이러스제가 바이러스와 정상 세포를 구별하지 못하기 때문인데, 지금도 수많은 환자가 백신과 항바이러스제로 인해 사망하고 있다. 그에 반해 세포의 중심이 드러나면, 바이러스는 파괴되지만 정상 세포는 잘 번식하므로 오히려 몸은 건강하게 된다.

마찬가지로 경찰·검찰·법원·정보기관·군대가 공산당 바이러스를 제거하는 과정에서 일반 국민도 희생된다. 그것은 공산당원과 선량한 국민을 구별하기 어렵기 때문이다. 대한민국 초기에 발생한 여순반란사건과 제주 4·3 사건의 진압과정에서 수많은 무고한 민간인이 폭도들과 함께 희생된 것은 그 좋은 예다. 그에 반해 국가의 중심이 드러나면, 공산당 바이러스만 파괴되고 국민의 자유는 증진하므로 국가는 강건하게 된다.

백신과 항바이러스제는 모든 바이러스를 막아낼 수 없다. 특정한 백신과 항바이러스제는 특정한 바이러스에 맞춤형으로 만들어지기 때문이다. 따라서 에이즈(HIV) 바이러스, 헤르페스(Herpes)바이러스, 폐렴 바이러스 등 각각의 바이러스마다 별도의 백신과 항바이러스제가 있어야만 하고, 기존의 바이러스가 변이될 때마다 엄청난 비용과 시간을 투자해 새로운 백신과 항바이러스제를 개발해야만 한다. 그에 반해 세포의 중심이 드러나면, 모든 종류의 바이러스는 한꺼번에 박멸된다.

마찬가지로 경찰·검찰·법원·정보기관·군대는 모든 공산당을 막아내지 못한다. 공산당이 사회당, 노동당, 진보당, 적색당, 나치당, 민중당 등으로 이름을 바꿀 때마다 이를 억제하는 별도의 법률을 제정하거나 특별한 조치를 취해야만 하기 때문이다. 그에 반해 국가의 중심이 드러나면, 반국가적인 정당은 한꺼번에 제거되고, 정상적인 정당은 국회 내에서 그들의 역할을 다하게 된다.

백신과 항바이러스제는 바이러스 이외의 해로운 세균이나 염증, 산성화된 혈액으로 인한 질병 등은 치료하지 못한다. 그에 반해 세포의 중심이 드러나면, 바이러스뿐만 아니라 모든 해로운 세균, 염증, 산성화된 혈액에서 비롯된 모든 질병은 한꺼번에 사라지게 된다.

마찬가지로 경찰·검찰·정보기관·군대는 공산당 이외의 국가적인 문제는 해결하지 못한다. 그에 반해 국가의 중심이 드러나면, 공산당이나 일반적인 정당뿐 아니라 정치·경제·사회·문화의 모든 방면에서 발생하는 다양한 국가적인 문제는 한꺼번에 해결된다.

그러므로 중심은 진정한 면역력이자, 만능 백신이고, 만능 치료제이자, 만능 체력강화제이다.

세포는 세포골격을 중심에서 잡아주는 세포핵막을 〈그림29〉와 같이 처음부터 지니고 태어난다. 따라서 찌그러진 세포라도, 혈액 속의 미네랄 원소들이 조화와 균형(balance)을 이루면, 세포핵막 속에 미네랄 원소들이 자리 잡으면서 세포의 중심이 드러나게 된다. 혈액의 미네랄 원소들이 세포핵으로 이동하여 조화와 균형을 이루는 것은 한순간이면 충분하다. 그러므로 미네랄 원소들이 존재하는 순간 세포의 중심은 드러나고, 세포 차원의 바이러스는 사라지게 된다.

그에 반해, 인간에 의해 창조된 국가는 〈그림30〉과 같이 세포핵막에 해당하는 장구통 형태의 국가권력이 처음부터 존재하지는 않는다. 따라서 중심을 잃고 찌그러진 국가의 중심이 드러나려면, 먼저 헌법으로 장구통 형태의 국가권력을 창조함으로써 국가권력 구조의 핵막을 만들어야 한다. 국가권력 구조의 핵막이 만들어지면, 행동하는 강건한 국민은 저절로 국가권력 구조의 핵에 자리잡게 되고, 국가의 중심은 드러나게 된다. 따라서 국가의 중심이 드러나는 것에는 약간의 시간이 소요된다.

세포의 중심이 드러나게 하는 미네랄 원소들의 결정체는 이미 개발되어 있다. 미네랄 원소들의 결정체를 섭취하면, 세포의 중심이 드러나므로, 코로나-19 바이러스는 물론 모든 종류의 해로운 바이러스와 세균, 염증은 한순간에 제거되고 혈액은 맑아진다. 그러므로 미네랄 원소들의 결정체를 사용하면 끝없이 지속하고 있는 지금의 팬데믹(pandemic) 상황은 순식간에 종료될 것이다. 그에 대한 자세한 내용은 '세포의 중심'에 기술되어 있다.

마찬가지로 국가의 중심이 드러나게 하는 수레바퀴 헌법은 이미 제시되었다. 수레바퀴 헌법은 국가의 중심을 드러나게 한다. 따라서 지구촌 국가들이 수레바퀴 헌법을 채택하여 국가의 중심이 드러나면, 공산당을 비롯한 모든 정당과 딥스테이트를 비롯한 모든 반국가적이고 반민주적인 세력은 국가권력 구조의 핵에서 제거되므로 지금의 위기 상황은 빠르게 종식될 것이다.

분열되어 바깥으로 향하는 주변은 지식·언어·생각의 차원에서 작동하지만, 모든 것이 모여 하나로 통하는 중심은 지식·언어·생각이 끊어진 차원에서 작동한다.

기존 의·약학적인 지식이나 관념은 분열되며 바깥으로 향하는 학문이다. 따라서 기존 의·약학적인 지식이나 관념으로는 세포의 중심을 이해하기 어렵다. 그러나 미네랄 원소들의 결정체를 섭취하면, 세포의 중심에 의해 코로나-19 바이러스를 비롯한 각종 질병이 아무런 부작용이 없이 치료되는 것을 체험으로 알게 될 것이다.

기존 정치·헌법학적인 지식이나 관념은 분열되며 바깥으로 향하는 학문이다. 따라서 기존 정치·헌법학적인 지식이나 관념으로는 국가의 중심을 이해하기 어렵다. 그러나 수레바퀴 헌법을 채택하면, 국가의 중심에 의해 공산당을 비롯한 정당으로부터 비롯된 수많은 국가적인 문제들이 어떤 부작용도 없이 해결되는 것을 체험으로 알게 될 것이다.

변종 코로나바이러스와 같은 해로운 바이러스는 실험실과 자연에서 쉽게 만들어지고, 변종 공산당과 같은 해로운 정당도 얼마든지 생길 수 있다. 그러므로 새로운 바이러스가 등장할 때마다 새로운 백신과 항바이러스제를 개발하고, 경찰·검찰·법원·정보기관·군대를 동원하는 것은 어리석다.

그냥 세포의 중심이 드러나게 하는 물질을 사용하고, 국가의 중심이 드러나게 하는 수레바퀴 헌법을 채택하면 된다. 세포의 중심과 국가의 중심이 드러나면, 인류는 모든 종류의 바이러스로부터 자유를 되찾게 될 것이다.

정의(正義)란 무엇인가?

정의는 '구성원 모두에게 이익이 되는 것'이다. 그렇다면 국가적 차원의 정의는 '국민 모두에게 이익이 되는 것'이다.

국가는 정의로워야 한다. 국가가 정의로워지려면, 국가권력이 국민 모두의 이익이 되도록 행사되어야 한다. 국가권력이 언제나 국민 모두에게 이익이 되도록 행사되려면, 국민이 국가권력 구조의 핵에 자리 잡음으로써 국민이 국가의 주인이 되어야만 한다. 왜냐하면, 모든 국가권력은 국가권력 구조의 핵으로 수렴하므로, 국민 모두에게 이익이 되기 때문이다. 따라서 국가의 중심이 드러날수록, 국가는 정의로워진다.

그러나 정당이나 독재자가 국가권력 구조의 핵에 자리 잡으면 그 국가는 정의로울 수 없다. 왜냐하면, 모든 국가권력은 국가권력 구조의 핵에 자리 잡은 정당과 독재자에게로 수렴하므로 그들에게만 이익이 되기 때문이다. 따라서 국가권력 구조의 핵에 정당이나 독재자가 자리 잡으면, 그 국가는 불의가 지배하게 된다.

민주화는 국민이 국가권력 구조의 핵으로 자리 잡는 과정이자, 국민이 국가의 주인으로 올라선 수준이다. 그러므로 민주화란 국가가 정의로워지는 과정이자 정의로워진 척도이기도 하다.

인류 역사는 더욱더 많은 국민이 국가권력 구조의 핵에 자리 잡아 감으로써, 결국 모든 국민이 국가의 주인이 되는 방향으로 나아가고 있다. 고대에는 왕이, 중세 봉건시대에는 왕과 봉건 귀족들이, 절대왕정 시대에는 다시 1인의 절대군주가 국가의 주인이었다. 그 후 근세 시민혁명을 거치며 점진적으로 전 국민이 국가의 주인으로 자리 잡아 가고 있다. 인류는 정의로운 방향으로 진화하고 있었다.

그러나 공산국가는 일당독재 국가이자, 1인 독재국가다. 공산주의자들은 일당독재와 1인 독재를 전 세계의 공산화 과정에 반드시 거쳐야 하는 과도기적 현상이라고 주장하지만, 그 또한 거짓에 불과하고, 공산국가는 공산주의 이념으로 포장된 절대왕정의 한 가지 형태에 불과하다. 따라서 공산주의는 역사발전 방향을 역행시켜 인류를 불의의 방향으로 역행하게 하는 퇴행적인 이념이다.

공산국가는 불의가 지배하는 국가다. 공산국가의 크고 작은 권력자들은 자신의 이익을 위해 국민의 생명·자유·재산을 빼앗고, 부정한 수단으로 축적한 재산을 외국으로 빼돌린다. 그 아래에 있는 기업가들도 돈만 벌 수 있다면 수단과 방법을 가리지 않는다. 철근과 시멘트를 제대로 넣지 않고 건물·댐·다리를 건설하고, 품질이 떨어지는 철로 선박을 제조하며, 심지어 가짜 달걀과 가짜

쌀, 가짜 돼지고기까지 만들어 판다. 그런 풍조는 일반 국민에게까지 그대로 이어져 서로 속고 속이며 살아가는 사회에 정의가 설 자리는 없다. 당연히 민심은 흉흉해지고, 국가 전체에 부정·부패·부실·불만·불공정·불투명·불량·불신이라는 불의가 만연하게 된다.

민주국가는 정의와 불의가 혼재된 상태다. 선진 민주국가는 민주화가 상당히 진행되어 정의가 불의보다 우위를 점한 상태이지만, 후진 민주국가는 불의가 정의보다 우위를 차지한 상태다.

대한민국의 경우, 정의로워지는 과정에 있었다. 그러나 정당정치의 폐해와 주변 공산국가의 영향으로 오히려 비민주적인 국가로 변모하면서 다시 정의가 사라지고 불의가 주도하는 사회로 나아가고 있다. 국가의 중심이 조금씩 그 모습을 드러내다가 다시 사라지고 있는 것이다. 이런 추세가 계속된다면 조만간 불의가 정의를 압도하게 될 것이다.

대한민국은 한동안 적폐 청산 작업으로 바빴다. 두 명의 전직 대통령들이 구속되어 있고, 전직 대법원장을 비롯한 고위 관직을 역임한 권력자들도 처벌받았다. 현재 정권을 잡은 세력은 과거의 권력자들을 모두 처벌함으로써 정의를 바로 세우겠다고 한다.

또한, 적폐라고 불리는 사람들이 저질렀던 것보다 더한 적폐가 현 정권에서 행해진 사실들이 드러나는 바람에, 국민은 분노하고 있다. 이에 야당은 자신들이 다시 정권을 잡으면 지금 잘못을 저지르고 있는 현 정권의 권력자들도 똑같이 처벌해서 진정한 정의가 무엇인지 보여주겠다며 벼르고 있다.

전직 대통령들과 전 대법원장을 감옥에 가두고, 부정부패를 저지른 자들을 모두 단죄하고, 정권이 바뀌어 같은 과정이 반복된다고 정의가 실현되는 것은 아니다. 왜냐하면, 이와 같은 일들은 끝없이 반복될 것이기 때문이다. 그런 것들은 같은 차원에서 벌어지는 똑같은 게임에 불과하다.

불의가 나무라면, 불의를 범한 자를 처벌하는 것은 그 나뭇잎을 따버리는 것이다. 그러나 불의라는 나무는 잎사귀 하나를 따내면, 3개의 잎사귀를 내밀면서 더욱더 거대하고 무성해진다. 따라서 잎사귀를 하나씩 따내는 방식으로는 결코 정의는 구현되지 않는다. 정의를 구현하려면, 불의의 뿌리를 파내고 그곳에 정의의 나무를 심어야 한다.

국가권력 구조의 핵에 정당이나 독재자가 자리 잡으면, 불의가 뿌리내리면서 불의의 잎사귀들이 무성하게 된다. 그러나 국민이 국가권력 구조의 핵에 자리 잡음으로써 국가의 중심이 드러나면, 정의가 뿌리내리면서 정의의 꽃이 피게 된다. 국가의 중심은 정의이기 때문이다. 그러므로 국가의 중심이 드러나면, 다시는 불의가 반복되지 않는다.

또한, 대한민국은 사법부와 검찰의 독립 문제, 대통령 권한의 축소 문제, 적폐 척결 문제, 빈부격차 문제, 국회의원 자율권 문제, 대통령과 국회의 과도한 밀착 문제, 정당들 사이의 대립 문제, 정당 민주화의 문제, 어리석거나 특정 이념에 치우친 지도자의 문제, 과격하고 정치화된 노동조합 문제, 정당공천 문제, 국민이 분열하는 문제, 인구가 줄어드는 문제 등으로 골머리를 앓고 있다.

만일 이런 문제들을 하나씩 차례대로 해결하려 한다면 수백 년이 걸려도 결코 해결할 수 없을 것이다. 왜냐하면, 이런 문제들은 서로 얽혀있어 한 가지 문제를 해결하려 하면 더 많은 문제가 생기면서 더욱더 복잡하게 얽히기 때문이다. 이렇게 복잡하게 얽혀있는 수많은 문제를 한꺼번에 해결하려면 이 모든 문제의 공통적인 뿌리를 잘라버리면 된다.

국가적 차원에서 발생하는 수많은 문제는 국가권력 구조의 핵에 불의가 뿌리내리고, 그것이 자라 주변으로 확산하며 나타나는 지엽말단적인 증상에 불과하다. 국가권력 구조의 핵에 정당이라는 불의가 뿌리내리면서 수많은 문제가 날마다 끊임없이 꼬리를 물고 등장하는 것이다.

그러므로 국민이 국가권력 구조의 핵에 자리 잡음으로써 국가의 중심이 드러나는 순간, 정의가 뿌리내리므로 모든 국가적인 문제는 한순간에 증발하듯이 사라지게 될 것이다.

지금 대한민국의 대표적인 정당들은 저마다 정의를 추구한다며 정당의 이름을 정의와 관련된 명칭으로 사용하고 있다. 그러나 어느 정당도 그 정당의 이름에 걸맞게 정의롭게 행동하지 못하고 있다.

집권 여당은 국가의 주인인 국민과 함께하겠다는 의미로 '더불어

민주당'이라고 이름을 지었다. 그러나 더불어민주당은 자신들이 국가의 주인인 것처럼 행동하고 있다. 따라서 더불어민주당은 '반민주당' 또는 '더불어공산당'이라는 이름이 훨씬 더 잘 어울린다.

제1야당은 최근에 국가의 주인인 국민에게 힘이 되겠다는 의미로 또는 자신들이 국민의 힘을 보여주겠다는 뜻으로 '국민의힘'으로 개명했다. 그러나 국민의힘은 국민에게 짐만 되고 있고, 국민을 배신하는 행태를 취하고 있다. 따라서 국민의힘은 '국민의짐' 또는 '국민배신당'이라는 이름으로 다시 개명해야 할 것이다.

'정의당'은 정당의 이름에 정의라는 명칭을 그대로 쓰고 있다. 그러나 정의당의 지금까지의 행태는 정의와는 거리가 멀고, 불의에 훨씬 더 가깝다. 그러므로 정의당은 '불의당'으로 개명하여 이름으로 국민을 속이는 짓을 그만두어야 할 것이다.

이렇게 대한민국에 기생하고 있는 대표적인 정당들은 이름은 그럴듯하지만, 실제로는 국민을 분열시키고, 국가와 국민의 이익을 침해함으로써 대한민국을 불의로 물들이고 있다. 그들은 국민을 속이고, 국민의 혈세를 빨아먹으며, 국민 위에서 군림하고 있다.

이것이 대한민국 정당의 실체이다. 따라서 계속해서 정당제를 고집하면, 대한민국은 정당으로부터 파생된 불의로 인해 국민은 분열되어 뿔뿔이 흩어지고, 국가는 속 빈 강정처럼 변하다가 망하여 공산국가로 변모하거나, 주변의 강대국에 나라를 빼앗길 것이다.

대한민국의 국기는 태극기(太極旗)다. 태극기는 우주를 구성하는 크고 작은 모든 것에는 태극이 존재하고, 태극의 원리에 따라 변화하며 존재한다는 우주의 원리를 표현한다.

우주의 원리는 옳고 그름의 기준이다. 우주의 원리를 따르면 정의이고, 우주의 원리를 거역하면 불의인 것이다.

태극이 상징인 대한민국은 우주의 원리에 따라 작동되어야 한다. 대한민국이 우주의 원리로 작동하려면, 먼저 대한민국의 핵에 태극이 자리 잡아야 한다.

태극은 국가의 중심의 다른 말이다. 그러므로 수레바퀴 헌법으로 개헌하면, 대한민국의 핵에 태극이 자리 잡게 된다. 대한민국의 핵에 태극이 자리 잡으면, 대한민국은 우주의 원리에 따라 작동하므로 '정의로운 국가'로 변모하게 된다.

플라톤(Plato)은 정의로운 국가는 천국에서만 가능한 '이상적인 국가'라고 했다. 그러므로 수레바퀴 헌법으로 국가의 중심이 드러나면, 대한민국은 '정의로운 이상 국가'인 천국으로 변하게 될 것이다.

천국이자 정의로운 이상 국가인 대한민국은 자유로운 나라, 모든 국민이 하나로 통합된 나라, 진실이 지배하는 투명한 나라, 사랑으로 하나 된 나라, 생명력이 넘치는 건강한 나라, 정말 살기 좋은 나라일 것이다.

새로운 문명의 탄생

국민은 국가권력 구조의 핵 또는 그 밑바닥, 단 두 곳에만 자리 잡을 수 있다. 그 외에 국가권력 구조에서 국민이 자리 잡을 곳은 없다. 국가권력 구조의 핵은 주인의 자리고, 그 밑바닥은 노예의 자리다.

국민이 국가권력 구조의 핵에 자리 잡으면, 국민은 국가의 주인 으로서 주인의 권력(主權)을 행사하며 주인의 삶을 살게 된다. 주 인의 삶은 자유롭고 밝고 희망차다. 그러나 국가권력 구조의 밑바 닥에 깔리면, 국민은 주인의 권력을 빼앗긴 채 노예로서 노예의 삶 을 살게 된다. 노예의 삶은 속박되고 어둡고 절망으로 가득하다.

지금 미국과 중국공산당은 미래 인류의 삶을 놓고 전쟁을 벌이 고 있다. 이 전쟁에서 미국이 승리하면 인류는 주인의 자리에 한 발자국 더 가까이 가게 되지만, 중국공산당이 승리하면 인류는 공 산당의 노예로 전락할 것이다. 지금 인류는 주인의 삶과 노예의 삶 의 갈림길에 서 있는 것이다.

이번 전쟁의 승패는 국가의 효율성이 좌우할 것이다. 상대적으로 더 효율적인 국가가 승리하는 것이다.

국가의 효율성은 국가 운영시스템이 좌우한다. 그것은 컴퓨터의 효율성은 컴퓨터 운영시스템이 좌우하는 것을 보아도 알 수 있다. 하드웨어가 똑같은 컴퓨터라도 DOS에서 Window로 컴퓨터 운영시스템이 바뀌면, 작업의 속도와 효율성 등에서 비교할 수 없을 정도로 컴퓨터의 효율성은 향상된다.

헌법은 국가 운영시스템이다. 그러므로 상대적으로 더 효율적인 헌법을 채택한 국가는 더 효율적으로 작동하므로, 경쟁에서 승리하고 세계사를 주도하게 되는데, 그 좋은 예가 영국과 미국이다.

영국은 전제군주제가 지배하던 17세기에 상대적으로 효율적인 의회 중심의 입헌군주제 헌법을 세계 최초로 채택함으로써 약 200년간 지구촌을 주도했고, 미국은 18세기에 상대적으로 효율적인 대통령중심제 헌법을 세계 최초로 창안하여 국가를 효율적으로 운영함으로써 영국에 이어 지금까지 약 100년 동안 지구촌을 이끌고 있다.

영국과 미국의 헌법은 어떤 점이 우수해서 상대적으로 효율적일까? 영국과 미국의 헌법은 그 시대에 다른 국가들에 비해 상대적으로 민주적이었기 때문에 더 효율적일 수 있었다.

민주적일수록 국민이 국가권력 구조의 핵에 자리 잡음으로써 국

가의 중심이 드러나고, 국가의 중심이 드러날수록 국가를 구성하는
모든 요소는 중심을 축으로 효율적으로 작동하게 된다. 민주화될
수록 국가의 중심이 드러나고, 국가의 효율성도 증대되는 것이다.

　결국, 미국은 위기를 극복하고, 이번 전쟁에서 승리할 것이다.
왜냐하면, 미국은 현재 지구촌에서 가장 민주적이고 효율적인 국
가 운영시스템으로 작동하기 때문이다. 또한, 미국에는 주권자로
서 행동하는 수억 명의 강건한 국민이 존재하고, 애국심이 충만한
세계 최고의 군대가 국가를 지키고 있다.

▲ 그림31. 산산이 부서진 공산국가의 권력 구조

　그에 반해 딱딱하게 경직된 중국공산당의 국가 운영시스템은 겉
으로는 강해 보여도 실제로는 불의의 지배를 받는 허약하고 비효
율적인 구조다. 따라서 위기가 닥치면 〈그림31〉처럼 내부로부터 분

열되어 산산이 부서지게 될 것이다.

그러므로 미국은 승리할 수밖에 없다. 그러나 이번 전쟁을 통해 미국의 취약성도 그대로 드러났다. 만일 중국공산당이 조금만 더 시간을 가지고 철저히 준비했다면, 미국도 통일전선전술에 의해 붕괴하면서 여러 개의 국가로 나뉘거나, 암적인 공산국가로 전락함으로써 전 지구촌은 공산당의 수중으로 들어갔을 것이다.

미국의 취약성은 완전한 민주화를 이루지 못했기 때문이고, 미국이 완전히 민주화되지 않은 것은 국가의 중심이 굵고 또렷하게 드러나지 않았기 때문이다.

수레바퀴 헌법은 국민이 국가권력 구조의 핵에 자리 잡음으로써, 국가의 중심이 가장 또렷하게 드러난 헌법이다. 따라서 수레바퀴 헌법을 채택한 국가는 가장 민주적이고 효율적으로 작동하므로 어떠한 내·외부적인 충격도 이겨내게 된다.

그러므로 어떤 국가라도 수레바퀴 헌법을 채택하면, 그 국가의 영토·인구 등 하드웨어는 그대로라도 그 성능은 믿을 수 없을 정도로 업그레이드된다. 그러므로 대한민국을 비롯한 지구촌의 모든 국가는 하루빨리 수레바퀴 헌법으로 개헌해야 한다. 그렇지 않으면 지구촌의 민주국가는 공산당의 끊임없는 도전을 이겨내기 어려울 것이다.

수레바퀴 헌법을 채택하는데 필요한 것은 국민의 결단뿐이다. 정당이 씌워놓은 분열의 틀을 벗어버린 국민이, 수레바퀴 헌법을 채택하기로 결단하는 순간, 그 나라는 수레바퀴 헌법을 보유하게 될 것이다.

국회의원의 숫자 따위는 의미가 없을 것이고, 헌법 개정 절차는 요식행위에 지나지 않을 것이다. 국민이 결단하는 순간 모든 상황은 종료될 것이다. 왜냐하면, 국가의 주인은 국민이고, 주권은 국민이 가지고 있으며, 유일한 헌법제정 권력은 국민이기 때문이다. 그래서 예로부터 '백성은 하늘'이라고 한 것이다.

국민이 결단하는 순간, 그것은 위정자(爲政者)에게 준엄한 하늘의 명령으로 드러날 것이다. 그것은 좌파와 우파로, 보수와 진보로, 학연과 지연으로 분열된 국민이 아닌 하나로 통합된 국민한테서 나온 지엄한 명령이다. 그것은 정당과 위정자에게 위임했던 권력을 다시 회수하여 국민이 직접 행사하겠다는 최고 존엄의 명령이므로, 정당과 위정자들은 반드시 그 명령을 받들어야만 할 것이다.

그러므로 지구촌에서 가장 먼저 수레바퀴 헌법을 채택한 국가는, 다른 국가들에 비해 가장 빠르게 발전하여 지구촌을 선도하게 될 것이다. 그에 따라 지구촌의 다른 국가들도 수레바퀴 헌법을 채택할 것이고, 얼마 지나지 않아 지구촌의 모든 국가의 국가 운영 시스템은 가장 민주적이고 효율적인 수레바퀴 헌법으로 통일될 것이다.

지구촌 국가 운영시스템이 수레바퀴 헌법으로 통일되면, 지구촌은 하나의 국가로 통합될 것이다. 그것은 Window로 컴퓨터 운영시스템이 통일되면서 전 세계의 컴퓨터들이 하나의 컴퓨터로 통합된 것과 같은 이치다.

　하나로 통합된 지구촌은 하나의 지구 공화국을 창설할 것이다. 지구 공화국 또한 가장 효율적이고 민주적인 수레바퀴 헌법으로 운영될 것이고, 지구 공화국의 권력 구조에도 장구통 형태의 지구 중심체가 설치될 것이며, 그 핵에는 전 인류가 자리 잡을 것이다.

　이렇게 창조된 지구 공화국에서 인류는 미증유의 번영을 누릴 것이고, 지금까지 인류가 여러 개의 국가로 분열됨으로써 비롯되던 수많은 문제는 한순간에 해결될 것이다. 기아·빈곤·전쟁·약탈·지구온난화·에너지·독재·무역·전쟁·채무·성장·분배 등등 그동안 인류를 고통스럽게 했던 수많은 문제는 한순간에 그 뿌리가 잘리면서 증발하듯이 사라질 것이다.

　수레바퀴 헌법은 지구촌의 밑바닥부터 꼭대기까지 모든 것을 완전히 갈아엎고 재배열할 것이다. 그것은 정당과 독재자에서 국민과 인류로 권력의 중심이 교체되고, 국민과 인류가 모든 국가와 지구촌의 중심에서 강력한 구심력을 발휘하기 때문이다.

　그러므로 지구촌의 모든 요소는 국민과 인류를 중심으로 재배열되면서 자기 자리를 찾아가게 될 것이다. 눈이 있어야 할 곳에 눈이, 귀가 있어야 할 자리에 귀가 있게 되는 것이다. 뒤죽박죽으로 뒤엉켜 있던 모든 것들이 제자리를 찾게 되는 것이다.

그 과정에서 깊숙이 뿌리내리고 있던 구시대의 낡고 칙칙한 요소들은 저절로 물러가고 새로운 질서가 드러날 것이다. 낡은 이념·낡은 생각·낡은 지식·낡은 정치·낡은 권위·낡은 시스템· 낡은 패러다임 등등, 낡은 시대는 가고 새로운 시대가 열릴 것이다.

물론 그 과정에 욕망에 사로잡힌 정당과 독재자들과 그 추종자들, 작은 지식에 매몰된 전문가들, 다른 사람의 이론만 달달 외워 말로만 떠드는 학자들을 비롯한 기존의 크고 작은 권력자들의 저항은 있을 것이다. 하지만 그것은 굴러가는 수레바퀴를 막아서는 사마귀 꼴이 될 것이다.

그러므로 수레바퀴 헌법을 만들고, 그에 따라 지구촌의 모든 것들이 재배열되면서 하나로 통합되는 과정은 '거대한 혁명'이 될 것이다. 그것은 총·칼도 없고, 구호도 없고, 깃발도 없고, 성난 군중도 없는 '조용한 혁명'일 것이고, 불의의 뿌리를 잘라버리는 '정의의 혁명'일 것이며, 찌그러지고 왜곡된 세상을 반듯하게 펼치는 '중심의 혁명'일 것이다.

그 혁명 속에서 인류는 새로운 인류로 진화하여, 새로운 시대의 새로운 문명을 탄생시킬 것이다. 새로운 문명에 비하면 기존의 문명은 문명이라고 칭하기에도 부끄러울 것이다. 새로운 문명의 정치·경제·사회·문화·종교·교육 등등은 기존의 문명과 본질에서 다를 것이다.

지금 지구촌은 엄청난 전환의 시기를 겪고 있다. 이제는 누구라도 그것을 느낄 수 있다. 이것은 전에 없던 일이고, 앞으로도 이렇게 중대한 전환의 시기는 두 번 다시 오지 않을 것이다. 낡은 시대는 가고 새로운 시대가 열리고 있다. 지구촌을 시체처럼 질질 끌며 유지해온 낡은 시대를 마감할 때가 되었다. 낡은 시대는 저 스스로 무덤을 파왔고, 지금 그 무덤 옆에 서 있다.

약간만 밀면 된다. 틀에 박힌 고정관념에서 빠져나와 수레바퀴 헌법으로 약간만 밀면, 낡은 시대는 스스로 무덤 속으로 굴러떨어지고, 새로운 문명이 시작될 것이다.

참고서적

- 오쇼 라즈니쉬, 손민규 역, 『반야심경(The Heart Sutra)』, 태일 출판사, 2011

- 오쇼 라즈니쉬, 손민규 역, 『금강경(The Diamond Sutra)』, 태일 출판사, 2011

- 오쇼 라즈니쉬, 손민규 역, 『법구경(The Dhammapada: The Way of the Buddha) 2』, 태일 출판사, 2012

- 오쇼 라즈니쉬, 손민규 역, 『조르바 붓다의 혁명(The Rebel: The Very Salt of The Earth)』, 젠토피아, 2013

- 콜럼 코츠, 유상구 역, 『살아있는 에너지』, 도서출판 양문, 1998

- 에모토 마사루, 양억관 역, 『물은 답을 알고 있다』, 나무심는사람, 2002

- 최인호, 『B순환』, 천지인, 2010

- 최인호, 『나는 누구인가』, 도서출판 지식공감, 2016

- 최인호, 『중심의 비밀』, 도서출판 지식공감, 2019

- 최인호, 『질병의 뿌리』, 도서출판 지식공감, 2020

정당은 바이러스다

초판 1쇄	2021년 03월 17일
지은이	최인호
발행인	김재홍
총괄 · 기획	전재진
디자인	김다윤 이근택
교정 · 교열	전재진 박순옥
마케팅	이연실

발행처	도서출판지식공감
등록번호	제2019-000164호
주소	서울특별시 영등포구 경인로82길 3-4 센터플러스 1117호(문래동1가)
전화	02-3141-2700
팩스	02-322-3089
홈페이지	www.bookdaum.com
이메일	bookon@daum.net

가격	10,000원
ISBN	979-11-5622-590-4 03360